오늘부터 사야 할
부동산은
따로 있다

THE REAL ESTATE PROPERTY MANAGEMENT SECRETS OF THE RICH AMERICANS

오늘부터 사야 할
부동산은
따로 있다

미국 부자들의 부동산 자산관리 시크릿

체인지업
CHANGEUP

경제적 자유를 꿈꾸는 이들에게

나는 지난 22년 동안 미국 현지에서 부동산 전문가로 활동하며 미국과 한국을 오가며 미국 부자들의 부의 원리를 전달하고 있다.

나의 첫 책 《미국 부동산이 답이다》에서 언급했듯이 미국 부동산 투자의 원리는 자산가치 상승, 현금흐름, 세금혜택, 부채 활용에 따른 투자 수익 극대화에 있다. 즉, 부채를 활용하여 현금흐름을 극대화하여 자산가치를 상승시키고, 미국 세금 인센티브를 활용해 상승한 자산을 지키는 것이다. 미국 부동산 부자들의 부의 핵심이 바로 여기에 있다.

　자본이익에 중점을 둔 단기 투자가 한국 부동산 투자의 특징이라면 미국 부동산 투자의 특징은 현금흐름에 중점을 둔 장기 투자라고 볼 수 있다. 그렇다면 이렇게 중요한 현금흐름을 극대화하는 원리는 무엇일까? 이는 다름 아닌 '자산관리'다. 미국 투자 부동산의 가치는 부동산 시장의 원리뿐만 아니라 실제 수익인 현금흐름에 의해서도 결정되기 때문에 자산관리는 부동산 가치에 직접적인 영향을 미친다고 볼 수 있다.

　부동산 투자자들 대부분이 중요하게 생각하는 목표는 양질의 투자 부동산을 '취득'하는 것이다. 그러나 이보다 더 중요한 것은 양질의 투자 부동산을 취득한 후, 보유한 부동산의 가치를 올리고 수동소득을 창출하는 것. 이러한 수동소득을 창출하기 위해서는 장기적인 경영 노하우가 필요한데, 사업의 경영이 부실하면 사업 수익이 부실해지는 것처럼 부동산 자산관리가 부실하면 부동산의 투자 수익 역시 부실해진다.

　'부동산 자산관리'는 사업을 시작한 후의 '사업 경영'이라고도 볼 수 있다. 따라서 성공한 미국 부동산 투자자가 되려면 올바른 자산관리의 원칙, 효과적인 자산관리 비결과 자산관리 방법 등에 대해 공부해야 할 것이다.

나는 미국의 부동산 부자들이 어떻게 그들의 부동산 자산을 관리하여 현금흐름을 극대화하는지, 어떻게 자산가치를 올려 경제적 자유를 누리고 있는지 이 책에 생생하게 기록하고자 한다. 급변하는 세계의 물결 속에서 한국 투자자들로 하여금 미국 부동산 투자가 하나의 투자 포트폴리오로 자리 잡을 수 있게 돕고 싶다. 한국인도 미국 현지인들과 동등한 혜택을 누리며 미국 부동산에 투자할 수 있음을 깨닫고, 나아가 미국 부동산 부자들의 성공의 열쇠인 자산관리의 법칙을 마스터하길 바란다.

2024년, 미국에서
김효지

차례

CHAPTER 1

미국 부자들의 비밀

: 미국 부동산의 파워

CHAPTER
2

미국 부동산 가치의
숨은 비밀

: 자산관리를 마스터하라

CHAPTER
3

임대와 함께하는
미국 부동산 투자 게임

: 임차인 선별과 임대 계약의 기술

CHAPTER
4

미국 부동산
고수 되는 비법

: 관리와 개선의 기술

CHAPTER
5

미국 부동산의
현금흐름

: 자산관리를 통해 현금흐름을 극대화하라

CHAPTER
6

미국 부동산으로
어떻게 부자가 될 수 있을까?

: 미국 부동산 부자들의 성공 공식

오늘부터 사야 할 부동산은 따로 있다

미국 부자들의 비밀

미국 부동산의 파워

미국 부자들은
누구인가?

미국에서 부동산 전문인의 길을 걸어온 지도 벌써 22년이 지났다. 미국 부동산 투자에 직접 참여하며 숱한 성공과 실패를 경험했고 그 시행착오 속에서 나만의 경험과 노하우를 쌓았다. 어느 분야든 최적의 효율과 최상의 타이밍이 맞아떨어져야 성공할 수 있다. 나는 미국 최고의 부동산 부자들의 생각과 습관을 이해하고 싶었고, 그들이 부자가 될 수 있었던 까닭을 파헤치기 시작했다. 그리고 그들의 생각과 습관을 내 삶에 적용한 후 실현하기 위해 끊임없이 노력했다.

그러는 중 나에게 미국 부동산의 무한한 가능성을 알게 해준 멘토가 있었으니, 그는 바로 내가 몸담았던 신규 주택 건설 회사의 총책임자였던 에릭 드루커Eric Drooker다. 드루커는 나에게 신규 주택을 독점으로 분양할 수 있는 기회를 주었고, 미국 부동산 투자의 노하우부터 문제 해결 방법까지 사소한 조언 하나도 아끼지 않았다. 그는 늘 포브스에서 선정하는 미국의 400대 부자를 언급하곤 했는데, 미국 부동산 부자들이 누구인지를 먼저 알고 그들이 어떻게 부자가 되었으며 그 원리가 무엇인지 찾기 위해 노력해야 한다고 강조했다. 부자의 길을 따라가는 것이 곧 부자가 되는 지름길이며 그 지름길을 찾아 걸으면 누구나 부자가 될 수 있다는 것이었다. 나는 지금도 그의 말을 되새기며 부의 지름길을 걸어가고 있다.

미국 부동산 부자들에 대해 먼저 살펴보자. 미국 포브스 매거진은 미국에서 가장 부자인 사람들 400명을 매년 선정하여 발표하는데 그들 중 10%가 부동산 부자다. 지난 2023년 10월에 발표된 미국에서 가장 부유한 부동산 부자들이 그때보다 지금 더 부유해진 것으로 나타났으니 부의 상승폭을 실감하는 건 어려운 일이 아니다. 다음은 부동산으로 경제적 자유를 이룬 사람들의 입에 수시로 오르내리는 미국 부동산 부자들이다.

1 | **도널드 브렌** Donald Bren

    캘리포니아주 오렌지 카운티에 거주하는 도널드 브렌에게 2023년은 특히 좋은 해였다. 그는 여전히 미국에서 가장 부유한 부동산 부자로 인식되는데 포브스에 따르면 그의 순자산은 2022년 162억 달러(약 22조 3,000억 원)에서 현재 180억 달러(약 24조 7,000억 원)로 증가한 것으로 추산한다. 그는 미국 부동산 개발 회사 어바인 컴퍼니 Irvine Company의 회장이며, 2만 5천여 개의 아파트 유닛을 소유하고 있으며 400개의 오피스 건물, 호텔과 골프 클럽 등을 소유하고 있다.

2 | **사무엘 젤** Samuel Zell

    에쿼티 레지덴셜 Equity Residential의 창시자로 순자산은 52억 달러(약 7조 1,000억 원)이다. 그는 미시간주 아파트 건물 관리 사업을 기반으로 부동산 사업을 시작했으며 현재 920채에 달하는 아파트에서 19만 7천여 개의 아파트 유닛을 보유하고 있다. 주로 저평가된 부동산에 투자하고 이를 장기간 보유하여 재산을 모았으며, '부동산 투자 신탁 Real Estate Investment Trust'의 선구자'로서 그의 회사는 증권 시장에 상장한 최초의 미국 부동산 회사로 알려져 있다.

3 | 레이먼드 앨버트 크록 Raymond Albert Kroc

세계에서 가장 유명한 패스트푸드 기업 '맥도날드'의 창시자이다. 그러나 맥도날드는 햄버거를 팔아서 돈을 벌지 않는다. 대부분의 사람들이 맥도날드가 햄버거를 파는 패스트푸드 프랜차이즈인 줄로만 알고 있는데 이는 틀렸다. 이 거대 기업의 실체는 다름 아닌 '부동산 회사'다. 전 맥도날드 최고 재무관리자 해리 손느본 Harry J. Sonneborn 은 **"우리는 기술적으로 햄버거 사업에 종사하고 있지 않다. 우리는 부동산 사업을 하고 있다. 우리가 햄버거를 파는 유일한 이유는 그것이 세입자들이 우리에게 임대료를 지불할 수 있는 가장 큰 수익원이기 때문이다."**라고 말한 바 있다. 프랜차이즈 가맹점에 물품을 판매하거나 막대한 로열티를 요구하여 돈을 버는 대신 그들의 임대인이 되는 것이다. 실제로 맥도날드는 부동산을 구입한 후 막대한 이윤을 남기고, 그들의 프랜차이즈 가맹점에게 임대 후 각 매장의 총매출 일부를 가져간다.

오늘날 맥도날드는 두 가지 방법을 통해 부동산으로 돈을 벌고 있다. 먼저, 인기 있는 부동산을 매매하는 동시에 각 프랜차

맥도날드

이즈 매장으로부터 임대료를 받는다. 맥도날드 매장은 100개 이상의 국가에 36,000개 이상의 매장을 보유하고 있으며 그중 15%만이 맥도날드 회사가 직접 소유해서 운영하고 나머지는 프랜차이즈로 운영된다. 맥도날드가 부동산 사업을 하는 것은 더 많은 수입을 얻고 포트폴리오를 다양화하는 데 도움이 된다. 부동산을 구입하여 프랜차이즈에 임대하는 것은 프랜차이즈로부터 얻는 수입을 두 배로 늘리는 매우 효과적이고 영리한 방법이다. 또한 프랜차이즈에 임대하지 않는 다른 부동산의 경우 언제든지 다른 사람에게 임대하거나 매매하여 수익을 올릴 수 있다. 현재

맥도날드가 소유한 부동산의 가치는 300억 달러(약 41조 3,000억 원)로 추정되며, 세계에서 가장 거대한 부동산 소유자 중 하나로 꼽힌다. 결국 맥도날드 프랜차이즈 사업은 현금흐름을 창조하고, 부동산 사업은 부를 창조하게 되는 것이다.

오늘부터 사야 할 부동산은 따로 있다

미국 부자들의
마인드셋

미국 부동산 부자들의 진정한 부와 경제적 자유는 지속적인 현금흐름과 부동산이라는 자산을 통해 이루어짐을 알 수 있다. 그렇다면 미국 부동산 부자들은 어떠한 생각과 습관을 가졌기에 부자가 될 수 있었을까?

☑ **미국 부동산 부자들은 시간이 지날수록 가치가 상승하는 자산을 구입한다.**

미국 부동산 부자들은 투자하고 남는 돈으로 소비하며, '자기를 위해 돈을 벌어 주는 자산에 지속적으로 투자한다. 소비하고 남은 돈으로 투자하는 대다수의 사람들과는 그 성격이 다르다. 또한 그들은 시간이 지날수록 가치가 떨어지는 물건은 절대 구입하지 않는다. 가치가 떨어지는 물건의 구입은 결국 '채무'를 구입하는 것이며 지출이 증가로 이어진다는 걸 알고 있기 때문이다. 다시 말해 미국 부동산 부자들은 시간이 지날수록 가치가 상승하는 '자산'만을 구입하여 부를 증식한다. '가치'에 대한 생각이 일반인들과 다르다고도 볼 수 있겠다.

☑ **미국 부동산 부자들은 현금흐름이 좋은 자산에 지속적으로 투자한다.**

미국 부동산 부자들은 지속적으로 현금흐름이 창출되는 자산에 투자한다. 그들에게 부채는 현금흐름과 자산을 증식시키는 강력한 도구다. 만약 부채가 좀 더 효율적으로 현금흐름 창출에 도움을 줄 수 있다고 판단하면 부채를 통해 투자를 확장하고, 그렇게 구입한 자산은 시간이 흐를수록 현금흐름에 많은 이점으로 작용하게 된다. 부자들은 비싼 차나 옷과 같은, 시간이 지날수록 가치가 떨어지는 물건 구입에는 부채를 활용하지 않는다. 부채는 크게 '좋은 부채'와 '나쁜 부채'로 분류할 수 있다. 좋은 부채는 학자금대출, 모기지 또는 사업 대출과 같이 시간이 지남에 따라 부나 소득을 증가시키는 데 도움이 되는 것들에 대한 부채이며, 나쁜 부채는 신용 카드 또는 기타 소비재 대출과 같은 오직 소비 목적으로 돈을 빌리는 경우로 부나 소득 증가에 아무런 도움이 되지 않는 부채이다.

☑ 미국 부동산 부자들은 미국의 세금코드가 특별히 경제적 활동을 장려하기 위해 고안되었다는 것을 잘 알고 있으며, 이러한 세금 인센티브를 적극적으로 활용하여 '자산'을 지킨다.

미국 부동산 부자들은 합법적으로 세금 인센티브를 활용하여 소득 대비 적은 세금을 내거나 세금을 오히려 마이너스로 처리하는 경우도 있다. 실제로 양도소득세를 평생 연기하면서 상속세를 전혀 내지 않는 경우도 있다.

☑ 미국 부동산 부자들은 돈의 가치를 미래가치로 환산하고 헷지hedge 전략을 세운다.

1971년 리처드 닉슨Richard Nixon 대통령이 달러에 대한 금본위제를 폐지함으로 미국은 금 보유량을 넘어서는 막대한 달러를 찍어 낼 수 있게 되었다. 그 이후로 더 이상 미국 달러는 금 보유량에 묶여 있지 않다. 따라서 오늘날 연준은 경제 상황에 따라 통화량을 조절해 달러를 시장에 공급한다. 연 2% 정도의 인플레이션 상승으로만 비교해 보더라도 화폐의 가치는 연 2%씩 떨어지게 되는데 10년이면 자그마치 20%다. 화폐 가치가 떨어진다는 것은 실질 구매력이 떨어진다는 것이고 반면 자산의 가격은 올라간다. 따라서 미국 부자들은 현재 일궈낸 소득을 현재 가치의 돈으로 계산하지 않고 미래가치로 계산하고 돈의 '헷지' 전략을 세운다. 미국 부자들은 대개 현금을 많이 보유하고 있지 않으며 심지어 저축하는 것도 좋아하지 않는다. 돈을 오랜 기간 보유한다는 건 떨어지는 돈의 가치를 넋 놓고 지켜보는 행위임을 잘 알고 있기 때문이다. 그들은 부동산과 같이 인플레이션으로부터 보호받을 수 있는 곳에 투자하고 무한한 현금흐름을 창출해 낸다.

《부자 아빠, 가난한 아빠》의 저자 로버트 기요사키Robert T. Kiyosaki는 "저축하는 자는 실패자다."라고 말했으며, 유명한 경제 학자 존 케인즈John Maynard Keynes는 "부는 저축한 사람으로부터 자산에 투자한 사람에게 이전된다."라고 말했다. 이들의 말을 쉽게 정리해보자.

20년 전인 2004년, 20만 달러의 집을 구매하기 위해 그 당시 모기지 대출금액 15만 달러를 30년 고정으로 빌렸다고 가정해

오늘부터 사야 할 부동산은 따로 있다

보자. 연 2%의 인플레이션을 감안할 때 20년 전에 집을 구매하기 위해 사용했던 본인 자본금 5만 달러를 현재 현금으로 보유하고 있거나 현재의 인플레이션율보다 낮은 이자로 저축을 했다면 현재 이 5만 달러의 가치는 20년 전의 가치보다 40% 하락했을 것이며 실질 구매력 역시 40% 하락했을 것이다.

그러나 이 5만 달러는 집이라는 자산에 포함된 상태고 2024년, 이 집의 자산가치는 60만 달러로 투자 금액 5만 달러는 현재의 가치로 보호받았음은 물론 자산가치 또한 40%의 인플레이션율보다 훨씬 더 오른 상태다. 다시 말해 20년 전에 빌린 15만 달러의 가치는 인플레이션으로 인해 매년 떨어지게 되고 돈을 빌린 자는 시간이 지날수록 빌린 금액이 좀 더 작아지게 되고 돈을 빌려준 채권자는 시간이 갈수록 돈의 가치가 내려가 손해를 보게 되는 셈이다.

이렇듯 5만 달러를 20년 동안 현금으로 보유하거나 인플레이션율보다 낮은 이자로 저축한 경우와 부채를 활용해 20만 달러의 자산을 보유한 후, 20년이 지난 시점에 자산의 가치가 60만 달러로 치솟게 되는 경우는 그 결과만으로도 극명한 차이가 있음을 알 수 있다. 여기에 현금흐름과 세금혜택에 대한 부분을 더

한다면 같은 5만 달러가 가져다주는 부의 파급력은 실로 엄청날 것이다.

　미국 부자들은 돈의 흐름을 잘 파악하고 있다. 통화량이 팽창할 때 돈의 흐름이 자산 시장으로 우선적으로 들어간다는 사실을 알고 움직인다. 따라서 그들은 부가 '현금'을 가진 사람들에게서 '자산'을 가진 사람들에게로 이전된다는 사실을 이미 깨우치고 있는 것이다.

　오늘부터 사야 할 부동산은 따로 있다

경제적 자유를 가능케 하는 미국 부동산의 파워

앞에서 언급한 미국 부동산 부자들의 공통된 특징은 '장기적으로 수동소득을 창출하는 자산'에 투자한다는 것이다. 이들은 어떻게 부자가 되고 어떻게 경제적 자유를 누릴 수 있었을까? 경제적 자유의 의미는 사람마다 다를 수 있겠지만 내게 있어 경제적 자유란 나의 시간과 인생을 돈을 벌기 위해 희생하는 것이 아니라 내 뜻대로 다루고 조절할 수 있는 능력이라고 말하고 싶다. 몇 개월간 마음껏 여행하고 돌아와도 지속적으로 나의 소득이 증가하는 것. 말하자면 그것이 내가 말하는 경제적 자유다.

물론 미국 주식이나 채권에 투자해도 수익을 낼 수 있겠지만,

그러한 투자는 설령 배당금을 받는다 해도 모든 생활비를 감당하고도 남을 만큼의 현금흐름은 보장받지 못할 것이다. 유동성은 좋을 수 있으나 현금이 필요하거나 다른 곳에 재투자할 경우 가지고 있는 주식이나 채권을 팔아야 할 것이고 그런 다음 일반 소득을 기준으로 한 세금 또한 내야 할 것이다. 내가 미국 부동산을 사랑하는 가장 큰 이유는 경제적 자유를 가능케 하는 미국 부동산의 남다른 '파워' 때문이다. 이제 그 '파워'를 여러분에게 소개하고자 한다.

파워 1: 현금흐름

나를 포함, 내가 아는 미국 투자자들은 언제나 현금흐름이 있는 부동산에 투자한다. 미국 부동산의 두드러지는 장점은 매달 현금흐름을 창출할 수 있다는 것인데 그렇게 창출되는 현금흐름은 다른 투자에 비해 상승폭이 크며, 그 폭은 시간이 지날수록 더 커진다. 현금흐름의 원리를 쉽게 설명하면 이렇다.

2024년 4월, 32만 달러의 새 주택을 20%(6만 4천 달러)의 본인 자금과 80%(25만 6천 달러)의 모기지 대출로 구입했다고 가정하

자. 현재 30년 만기 고정 모기지 금리인 6%를 적용하면 월 모기지 대출 상환 금액은 1,547달러다. 여기에 월 재산세와 보험료를 더하면 월 지출이 1,917달러가 된다(새 주택으로 수리비 등이 발생하지 않는다고 가정). 월 임대료는 2,300달러, 현금흐름(현재 기준)은 월 383달러다.

임대료는 소비자물가지수Consumer Price Index를 기준으로 매년 측정된다. 미국의 장기 평균 소비자 물가 지수는 대략 3.8%인데 연 3%의 상승률을 반영하면 매년 임대료는 연간 대략 3% 정도 증가한다고 볼 수 있다. 반면 미국의 모기지 대출은 30년 만기 고정 금리로 대출을 받기 때문에 30년 만기까지의 월 모기지 대출 상환 금액은 동일하다. 아래의 차트를 보면 5년 후의 월 현금흐름은 대략 750달러가 되고 9년 후에는 월 현금흐름이 대략 1,083달러가 된다. 만약 모기지 금리가 4%대로 내려가는 시점에

아모티제이션 차트 Amortization Chart

융자 금액: $256,000   이자: 6%(30년 고정 모기지)

연	월 상환금액	연간 원금 상환액	연간 이자 금액	대출 잔액
1	$1547.00	$3,143.71	$15,274.48	$252,856.29
2	$1547.00	$3,337.61	$15,080.58	$249,518.68
3	$1547.00	$3,543.46	$14,878.73	$245,975.22
4	$1547.00	$3,762.02	$14,656.18	$242,213.20
5	$1547.00	$3,994.05	$14,424.14	$238,219.15
6	$1547.00	$4,240.39	$14,177.80	$233,978.76
7	$1547.00	$4,501.93	$13,916.26	$229,476.83
8	$1547.00	$4,779.60	$13,638.59	$224,697.23
9	$1547.00	$5,074.40	$13,343.80	$219,622.83
10	$1547.00	$5,387.37	$13,030.82	$214,235.46
11	$1547.00	$5,719.66	$12,698.54	$208,515.80
12	$1547.00	$6,072.43	$12,345.76	$202,443.37
13	$1547.00	$6,446.97	$11,971.23	$195,996.40
14	$1547.00	$6,844.60	$11,573.59	$189,151.80
15	$1547.00	$7,266.76	$11,151.43	$181,885.04
16	$1547.00	$7,714.96	$10,703.23	$174,170.08
17	$1547.00	$8,190.80	$10,227.39	$165,979.28
18	$1547.00	$8,695.99	$9,722.20	$157,283.29
19	$1547.00	$9,232.34	$9,185.85	$148,050.95
20	$1547.00	$9,801.77	$8,616.42	$138,249.18
21	$1547.00	$10,406.32	$8,011.87	$127,842.86
22	$1547.00	$11,048.16	$7,370.03	$116,794.70
23	$1547.00	$11,729.59	$6,688.60	$105,065.11
24	$1547.00	$12,453.04	$5,965.15	$92,612.06
25	$1547.00	$13,221.12	$5,197.07	$79,390.94
26	$1547.00	$14,036.57	$4,381.62	$65,354.37
27	$1547.00	$14,902.32	$3,515.88	$50,452.06
28	$1547.00	$15,821.46	$2,596.73	$34,630.60
29	$1547.00	$16,797.29	$1,620.90	$17,833.31
30	$1547.00	$17,833.31	$584.88	$-0.00

* 출처: Turnkey Global Realty

오늘부터 사야 할 부동산은 따로 있다

연간 인플레이션율 3% 적용 후 임대료의 변동

연간	임대료	연간	임대료
1	$2,300.00	16	$3,580.00
2	$2,369.00	17	$3,687.00
3	$2,442.00	18	$3,797.00
4	$2,515.00	19	$3,910.00
5	$2,590.00	20	$4,027.00
6	$2,667.00	21	$4,147.00
7	$2,747.00	22	$4,271.00
8	$2,829.00	23	$4,399.00
9	$2,913.00	24	$4,530.00
10	$3,000.00	25	$4,665.00
11	$3,090.00	26	$4,804.00
12	$3,182.00	27	$4,948.00
13	$3,277.00	28	$5,096.00
14	$3,375.00	29	$5,248.00
15	$3,476.00	30	$5,405.00

* 출차: Turnkey Global Realty

서 재융자를 하면 월 현금흐름은 더 높아지게 된다.

이처럼 부동산에 투자해 얻는 현금흐름은 천재지변이 없는 한 언제나 예측이 가능하다.

파워 2: 자산가치 상승

현금흐름이 좋은 부동산을 구입하게 되면 부동산 가치상승은 덤으로 따라오게 된다. 현금흐름과 자산가치 상승의 결합은 그 시너지가 실로 강력하다. 미국 부동산중개인협회NAR의 자료에 따르면 1968년 이후 미국의 장기 평균 자산가치 상승률은 연간 6% 정도다(코로나 이후 지난 3년 동안의 미국 주택 가격은 42% 상승). 연간 평균 자산가치 상승률은 미국의 각 지역에 따라 다르겠지만 미국의 장기 평균 자산가치 상승률인 6%를 기준으로 해 자산가치의 상승이 은퇴 준비를 하는 이들에게 얼마나 강력한 '파워'가

자산가치상승 그래프

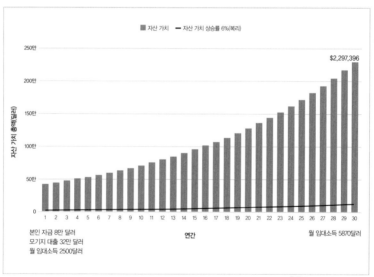

* 출처: Turnkey Global Realty

오늘부터 사야 할 부동산은 따로 있다

될 수 있는지 살펴보자.

이 그래프를 보면 적은 자본으로 미국의 저렴한 주택을 보유했을 경우 얻을 수 있는 자산가치 상승이 얼마나 강력한지 알 수 있다. 40만 달러의 주택을 본인 자금 20%(8만 달러), 모기지 대출 80%(32만 달러)로 구입한 경우, 30년 모기지 대출 만기가 되는 시점에는 주택의 가치는 229만 7,396달러가 된다. 처음 구입한 가격에서 무려 189만 7,396달러가 상승했고, 30년 만기 대출 상환은 완료되어 229만 7,396달러의 자산을 온전히 보유하게 되는 것이다. 임대료의 상승은 어떠한가? 40만 달러의 주택을 구입한 시점의 월 임대료는 2,500달러였는데 연간 인플레이션율 3%를 적용한 경우 30년 후의 월 임대료는 5,871달러가 된다. 이것은 한 채의 저렴한 주택으로도 연간 임대 수익이 7만 452달러가 된다는 것이다.

여기서 주목할 것은 40만 달러의 주택을 구입하는 데 들어간 본인 자금이 고작 8만 달러였다는 것. 은행의 돈을 활용함으로써 주식이나 채권에 투자하는 것보다 훨씬 더 높은 수익률을 보장받을 수 있다는 것이다. 우리는 이것을 '레버리지'라고 한다. 이 레버리지에는 부동산의 근간을 지탱하는 '파워'가 있으며, 자산의 가치상승은 대출금에 의해 더욱 성장할 수 있다. 대출금인

32만 달러가 연간 자산가치 상승률인 6%로 30년간 복리로 성장하면서 자산을 229만 7,396달러로 만들어 준 셈이다. 229만 7,396달러의 자산은 온전한 자산이 될 것이고, 은행은 나에게 단지 32만 달러에 대한 이자만 받았을 뿐이다. 그 이자 역시 내가 지불한 것이 아니라 나의 세입자가 지불해준 셈이 된다.

파워 3: 레버리지

미국 부동산의 레버리지는 특히 강력하다. 다들 알고 있듯 레버리지는 사업을 시작하거나 자산을 구입하기 위해 나의 돈이 아니라 타인의 돈, 은행의 돈을 활용하는 것을 의미한다. 주식도 마진 거래를 통해 레버리지를 어느 정도 활용할 수는 있지만, 부동산에서 활용할 수 있는 것만큼 획기적이지는 않다. 미국에서는 부동산 자체를 기준으로 많게는 100%까지 은행에서 돈을 빌릴 수 있다. 은행에서는 왜 이렇게까지 많은 돈을 빌려줄까? 답은 단순하다. 부동산은 유형 자산 그 자체이기 때문에 빌려준 돈을 갚지 못할 경우 그 유형 자산을 그대로 압수하면 그만이기 때문이다. 다시 말해 담보가 확실하다는 것이다. 주식에서 마진 거래를 통해 레버리지를 하는 경우 그 리스크를 온전히 본인이 부담하게 되지만, 부동산 구입을 위해 은행에서 돈을 빌리는 경우 그 리스크를 은행도 어느 정도 부담하게 된다.

어떠한 투자든 모든 투자자의 목표는 '투자 수익'이다. 주식은 변동성에 의한 리스크가 좀 더 큰 대신 수익성이 좋다고 말하는 사람이 있을 것이다. 본인 자금 8만 달러를 주식과 부동산에 투자한다고 가정해 보면 그 답은 조금 더 명확해진다. 주식의 가치 상승이 연간 10%일 때와 부동산의 가치 상승이 연간 6%일 때를 비교해 보자.

부동산과 주식의 가치 상승 비교 (연간 가치상승률, 주식 10% vs 부동산 6%)

연	자산가치상승 (주식 10%)	자산가치상승 (부동산 6%)
1	$8,000	$24,000
2	$8,800	$25,440
3	$9,680	$26,966
4	$10,648	$28,584
5	$11,713	$30,299
6	$12,884	$32,117
7	$14,172	$34,044
8	$15,590	$36,087
9	$17,149	$38,252
10	$18,864	$40,547
11	$20,750	$42,980
12	$22,825	$45,559
13	$25,107	$48,293
14	$27,618	$51,190
15	$30,380	$54,262
16	$33,418	$57,517
17	$36,760	$60,968
18	$40,436	$64,672
19	$44,479	$68,504
20	$48,927	$72,614
21	$53,820	$76,971
22	$59,202	$81,590
23	$65,122	$86,485
24	$71,634	$91,674
25	$78,798	$97,174
26	$86,678	$103,005
27	$95,345	$109,185
28	$104,880	$115,736
29	$115,368	$122,680
30	$126,905	$130,041

• 출처: Turnkey Global Realty

오늘부터 사야 할 부동산은 따로 있다

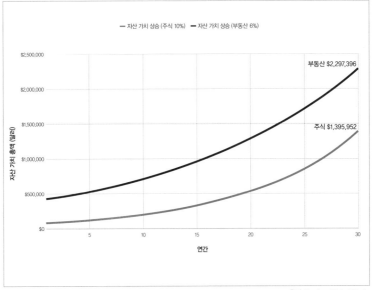

자산 가치 상승 (주식 10%) ━ 자산 가치 상승 (부동산 6%)

부동산 $2,297,396

주식 $1,395,952

자산 가치 총액 (달러)

연간

• 출처: Turnkey Global Realty

본인 자금 8만 달러로 주식에 투자할 경우와 40만 달러의 주택을 20%의 본인 자금(8만 달러), 80%의 모기지 대출(32만 달러)로 구입한 경우를 비교해 보자. 주식의 연간 가치 상승률을 10%라고 하고 부동산의 연간 가치 상승률을 6%라고 가정하면, 30년이 되는 시점에서 주식의 가치는 139만 5,952달러가 되고 주택의 가치는 229만 7,396달러가 된다. 주식과 부동산의 연간 수익률은 다음과 같다.

주식 연간 수익률: 58.2% (139만 5,952달러/8만 달러=1,745%/30년)
부동산 연간 수익률 95.7% (229만 7,396달러/8만 달러=2,871%/30년)

이렇듯 연간 수익률이 부동산에 투자했을 때 37.5% 더 높다는 것을 알 수 있다. 이것이 미국 부동산 레버리지가 가진 강력한 파워다. 동일한 투자 금액이라면 레버리지를 활용한 투자가 레버리지를 활용하지 않은 투자보다 더 많은 투자 수익을 얻을 수 있다는 것을 명료하게 말해준다.

파워 4: 세금 혜택

미국에서 부동산을 구입하여 보유하고 판매하는 과정에서 미국 정부로부터 받는 세금 혜택은 엄청나게 강력하다.

☑ 미국에서는 부동산으로 세금을 공제할 수 있다.

우리가 받는 월급, 즉 근로 소득은 전체 수입에서 세금을 부과한다. 그러나 임대용 부동산을 보유하고 있을 때 받는 임대 수입은 모든 지출을 공제하고 난 후의 소득에서 세금을 부과한다. 재산세, 모기지 이자, 수리비 및 각종 지출과 건물에 대한 감가상각을 계산하여 세금을 공제할 수 있다는 것이다.

☑ **미국에서는 부동산 건물의 감가상각으로 과세 소득을 낮출 수 있다.**

미국 부동산의 가치가 많이 상승했다 하더라도 매년 노후될 건물의 가치를 환산하여 오히려 과세 소득을 낮출 수 있다. 거주용 부동산일 경우는 27년 6개월, 상업용 부동산일 경우는 39년까지 감가상각을 할 수 있기에 강력한 세금 혜택 중 하나로 분류된다.

☑ **보유하고 있는 임대용 부동산을 팔고 좀 더 비싼 동종의 부동산을 구입할 경우 이미 사용한 감가상각의 회수와 더불어 양도 소득세를 평생 연기할 수 있다.**

미국 국세청 세금 코드인 1031에 의해 보유하고 있는 투자용 부동산을 판매하고 그 수익을 비슷한 가치 혹은 더 높은 가치의 동종의 부동산에 재투자하면 판매 차익에 대한 양도소득세를 내지 않고 평생 연기할 수 있다. 이를 동종자산교환1031 Exchange이라 한다. 매년 임대소득세를 낮추기 위해 사용한 건물의 감가상각은 그 투자용 부동산을 매각할 경우 회수되는데, 동종자산교환을 하게 되면 건물의 감가상각 공제를 회수할 필요가 없다. 동종자산교환은 반복에 대한 제한이 없고 납세 의무는 납세자의 사망으로 종결되기 때문에 동종자산교환을 통해 얻은 재산을 팔지 않고 납세자가 사망할 시 상속인은 연기된 세금을 내지 않고 상승한 시장가치로 부동산을 상속받게 된다. 이는 미국에서 부동산 투자를 통해 받을 수 있는 가장 강력한 세금 혜택이다.

☑ 현금인출재융자Cash Out Refinance를 통해 순자산에서 얻은 현금은 세금이 면제된다.

투자한 자산의 순자산에서 투자자 본인에게 현금으로 지불하는 것은 수입이 아니기 때문에 순자산에서 인출한 현금은 세금이 부과되지 않는다. 미국의 투자자들은 이러한 세금 혜택을 통해 인출한 현금으로 또 다른 수동소득을 만드는 부동산에 투자하는 경우가 많다.

☑ 투자용 부동산에서 얻은 양도소득에는 낮은 세율이 적용된다.

투자용 부동산 구입 후 1년 이상을 보유하고 판매하는 경우에는 일반 소득세율에 비해 낮은 세율로 적용받는다(납세자 소득 기준 0%, 15%, 최대 20%의 장기 양도소득 세율로 적용). 부동산 양도소득세의 한 가지 예외는 부동산 소유자의 거주용 주택이다. 주택을 소유한 후 판매 시점 이전 5년 중 최소 2년 동안 주 거주지로 사용했을 때 개인 세금 신고자의 경우 최대 25만 달러, 기혼이고 공동으로 세금 신고하는 경우 최대 50만 달러에 대해 양도소득세가 면제된다.

이러한 세금혜택을 통해 미국의 부자들은 더 큰 부자가 된다. 그들은 주로 '자산'에 투자하며, 그들의 수입은 일반적인 근로소득이 아니라 수동소득과 양도소득이다. 1장에서는 미국 부동산이 가지고 있는 가공할 힘에 대해 요약해 보았다. 미국 부동산의 힘은 강력하며, 어쩌면 이것이 여러분의 삶을 송두리째 바꿔놓을지도 모른다. 기대 수명이 늘어난 만큼 편안한 은퇴를 위한 재정적 요구의 범위 또한 훨씬 더 넓어지고 있다. 적은 자본으로도 부를 창조함과 동시에 경제적 자유를 누릴 수 있는 미국 부동산과 같은 투자처는 아마 세상 어디에도 없을 것이다. 은퇴할 시기가 왔을 때, 여러분의 경제적 자유를 위해 '미국 부동산'이 기다리고 있을 것이다.

　여러분들이 미국 부동산의 파워가 무엇인지 알았다면, 미국 부동산 부자들이 어떻게 자산Asset에 투자하여 끊임없이 수동소득을 창출하는지 이해했을 것이다. 이제 현금흐름과 자산의 가치를 올리는 구체적인 방법이 궁금해질 것인데, 2장에서 본격적으로 미국 부동산 가치의 숨은 비밀에 대해 알아보기로 하자.

　　　　　　　　　　오늘부터 사야 할 부동산은 따로 있다

오늘부터 사야 할 부동산은 따로 있다

CHAPTER 2

미국 부동산 가치의 숨은 비밀

✧✧✧✧✧✧✧

자산관리를 마스터하라

왜 미국 부동산
자산관리가 중요한가?

부동산 투자 역시 다른 투자와 마찬가지로 리스크를 수반한다. 부동산 게임에 뛰어들 때 사소한 실수가 투자 수익과 자산의 가치를 떨어뜨리고 나아가 자산을 모두 잃을 가능성도 있다. 이러한 리스크를 줄이고 투자의 수익을 높이며, 자산의 가치를 상승시킬 수 있는 전략은 다름 아닌 '효과적인' 자산관리다. 그것은 어떤 모습일까?

"따르릉…!"

내가 일하고 있는 사무실에 한 통의 전화가 걸려 왔다. 격양

된 목소리로 다급히 도움을 요청하는 한 남자였다. 캘리포니아주 어느 도시에 임대용 주택을 구입해 임대했고 자신의 친구가대신 임대 관리를 하고 있던 상황이었다. 그러던 어느 날 경찰차 몇 대가 임대한 집에 들이닥쳤고 세입자가 경찰에 끌려가는것을 보게 된다. 수색으로 인해 집 또한 일시적 접근 불가 상태가 되었다. 알고 보니 세입자가 마약을 밀수하던 범죄자였고, 밀린 임대료도 임대료지만 나중에 들어가 본 집은 그야말로 아수라장이었던 것이다. 천장과 벽은 군데군데 부서져 있었고 잔디는관리가 제대로 되지 않아 손을 쓸 수 없을 지경이었다. 여담이지만 이 남자의 경우 임대한 주택이 조지아주(내가 거주하고 있는)가아닌 캘리포니아주에 있어서 해당 지역 시장을 잘 아는 자산관리 전문 업체와 연결을 해주었다.

이것은 소설 속 이야기가 아니다. 미국에서 부동산을 관리하는 회사라면 흔히 들을 수 있는 '일반적인' 이야기다. 위와 같은사례는 흔히 하는 작은 실수로 큰 손해를 본 경우라고 할 수 있는데, 무엇보다 자산관리의 중요성에 대해 무지했던 이유가 가장크다. 전문적이지 않은 현지 친구에게 본인의 재산을 몽땅 맡긴셈이니 말이다. 그 친구는 자산관리에 대한 지식과 경험이 없기때문에 세입자 선정 시 백그라운드 조사를 제대로 하지 않았고,

오늘부터 사야 할 부동산은 따로 있다

임대 결정 전에 세입자의 재정 기록에 대한 조사도 생략했다. 실수는 이렇듯 큰 재앙을 초래하고 그 재앙은 금전적 손실로 이어진다.

은퇴한 어느 노부부의 이야기도 빼놓을 수 없다. 이들은 거의 20여 년 동안 여러 채의 주택을 소유하여 직접 임대를 하고 자산관리 또한 잘 해오고 있었는데, 은퇴하기 몇 년 전 어떤 세입자를 만나면서 큰 손해를 봤다. 그동안 좋은 세입자들을 만났고, 그 세입자들이 한 집에 오래 거주하면서 특별한 문제를 일으키지 않았기에 그 충격은 더욱 컸다. 일 년에 한두 번 정도 방문해 직접 관리하던 플로리다주의 주택이었는데 오랜 기간 임대료가 밀려 있었고 세입자 마음대로 주택을 개조하다 그만둔 상태였다. 집은 그야말로 난장판이었다.

밀린 임대료는 받지도 못하고 결국 강제 퇴거를 시켰는데, 공사비 등 재정적인 손실을 크게 보게 되었다. 문제의 심각성을 알고 대처하기에는 이미 손을 쓸 수 없을 만큼 상황이 악화되었던 것이다. 이 역시 임대를 결정하기 전 세입자의 재정 상태나 크레딧, 백그라운드에 대한 면밀한 조사가 이루어지지 않은 탓이라고 볼 수 있다.

이 두 사례를 통해 자산관리의 원칙을 적용하지 않은 결과의 참담함을 알 수 있다. 이러한 집주인들의 공통점은 조금이라도 절약하기 위해 본인들이 직접 관리했거나 친구나 친척들에게 모든 일을 떠맡겼다는 것이다. 본인이든 지인이든 전문적인 지식과 경험이 없는 경우가 대부분이기에 결과는 외려 '손해'로 이어진다. 이러한 손해는 주로 사소한 실수로부터 비롯되는 경우가 많다.

사람들은 의외로 임대 부동산을 '스스로' 관리해야 한다고 생각하는 경향이 있다. 나아가 그들은 부동산 자산관리가 그리 대수롭지 않은 일이라고 여긴다. 그러나 이 대수롭지 않은(?) 일들은 생각보다 쉽지 않고, 뜻대로 진행되지 않아 종종 비참한 재정적 결과를 초래하기도 한다. 이는 부동산 자산관리의 기본 원칙을 제대로 이해하지 못한 탓인데, 무엇보다 이러한 비참한 결과는 한 번에 큰 재앙으로 발전하지 않는다. 하나의 작은 실수가 반복적으로 또 다른 실수로 이어지고 시간이 흐르면서 큰 재앙으로 번진다는 것이다. 이윽고 부동산 운이 따르지 않았다고 말하며 결과에 대한 '합리화'를 시작하게 된다.

미국의 자산관리는 그 규모나 크기에 관계없이 시간이 많이 소요되고 그 과정 또한 까다롭다. 그럼에도 항상 동일한 원칙이

오늘부터 사야 할 부동산은 따로 있다

적용되는데, 이 원칙이 양질의 세입자를 구하고 임대료를 징수하고 건물을 유지 관리하고 법적, 재정적으로 보호해준다. 다시 말해, 이 원칙은 궁극적으로 현금흐름을 극대화하고 자산가치를 상승시키는 생명선이다.

미국의 임대 절차는 한국과 다르고, 자산관리에서도 많은 차이를 보인다. 한국은 임대차 계약 시 세입자의 재정적인 정보, 크레딧, 백그라운드, 과거 임대료 지불 기록 등을 조사하지 않지만 미국은 그러한 조사는 물론 현재 적용되는 임대료가 세입자의 현재 소득 대비 합당한지 전부 고려한 후 임대 계약을 한다. 또한 한국은 집주인이 직접 자산관리를 하는 경우가 많지만 미국의 경우 전문 자산관리 회사에 위탁(전문 투자자일수록)한다. 그 이유는 이 책을 통해 충분히 이해할 수 있을 것이다.

자산관리 원칙

부동산 자산을 관리하는 데에는 상당한 시간과 노력이 필요하다. 부동산의 소유자는 바쁘거나 멀어서 이러한 책임을 감당하지 못할 수도 있는데, 미국에서는 어느 쪽이 됐든 투자 부동산을 소유한 대부분의 사람들은 이를 관리해주는 전문인을 고용한다. 실제로 현재 미국에는 30만 개가 넘는 자산관리 회사가 있으며, 이들 회사는 연간 약 900억 달러의 수익을 창출한다.

그렇다면 부동산 자산관리 회사는 정확히 무슨 일을 할까? 우선 자산관리라고 함은 쉽게 거주용, 상업용 및 산업용 건물을 포함한 부동산 자산의 관리·운영 및 감독을 의미한다. 여기에는

오늘부터 사야 할 부동산은 따로 있다

임대료 징수, 임대 계약 협상 및 집행, 부동산 유지 관리 및 보수, 임차인과의 소통, 재무 보고 등의 작업이 포함되며, 더불어 마케팅과 법률 업무 또한 담당한다.

효과적인 부동산 자산관리는 부동산 투자 가치를 유지하고 효율적인 임차인 관리를 보장한다. 부동산 자산관리자는 부동산 임대에 관한 운영 방침을 효율적으로 개선하고 부동산 소유자의 수익을 극대화하는 데 도움을 줄 수 있어야 한다. 이것이 바로 자산관리의 역할과 미션이다. 이러한 자산관리의 역할과 미션을 위해서는 반드시 알아야 하는 '동일한 원칙'이 있다. 이 장에서는 그 원칙에 대해 구체적으로 말하고자 한다. 앞서 언급한 남성과 노부부의 경우를 다시 살펴보면 공통점을 발견할 수 있다.

☑ 첫째, 본인들이 살고 있는 지역이 아닌 다른 지역에 임대용 부동산을 가지고 있었고 그 지역 시장에 대한 전문적인 지식이 없었으며, 부동산 자산을 지속적으로 관리해줄 수 있는 사람들이 없었다.

☑ 둘째, 자신들의 자산을 효과적으로 관리·감독할 수 있는 자산관
리 체계를 갖추고 있지 않았다.

투자하려는 지역에 거주하지 않는 투자자가 투자한 부동산
을 직접 관리하면 결코 좋은 결과를 기대할 수 없다. 그 지역에
대해 잘 알고 있지 않다면, 언제든 예기치 않은 문제들이 발생할
수 있기 때문이다. 지역 시장에 대한 이해도가 떨어지거나 법적
문제에 대응하는 방법을 모른다면 막대한 손해를 보는 것은 시
간문제일 것이다. 따라서 투자하려는 지역에 거주하지 않는 투자
자는 해당 지역에 있는 전문 자산관리사를 고용하는 것이 바람
직하다.

특히, 미국은 50개 주마다 법과 규정이 제각기 다르고 날씨와
기후 또한 제각각이라서 부동산을 유지 관리하는 데 여러 전문
적인 기술이 필요하다. 미국의 전문 투자자들이 투자할 부동산
을 구입하기 전에 그 지역의 자산관리 회사를 먼저 선임하는 까
닭이기도 하다. 그 후 선임한 자산관리 회사 담당자와 함께 투자
하고자 하는 부동산을 함께 보고 신중히 결정한다. 그래야 투자
하려는 부동산의 현재 상태와 개선 이후의 상태를 보다 더 효과
적으로 계산해 볼 수 있다.

내가 만난 대부분의 미국 부동산 전문 투자자들은 부동산의 유형을 선택한 후 지역 시장의 임대료 상황, 인구 흐름, 지역 사람들의 수익 구조 등의 파악을 위해 비슷한 유형의 부동산을 관리하고 있는 전문 자산관리 회사를 먼저 선임했다. 그리고 그들과 함께 투자하려는 부동산을 찾아 많은 요소들을 따져본 후 거래를 완료했다. 이제 본격적으로 자산관리의 원칙에 대해 알아보자.

자산관리 원칙 1

전문 운영의 원칙:
전문적인 운영을 하라

• 출처: Turnkey Global Realty

　부동산 투자는 입지가 중요하고, 실제로 많은 사람들이 그렇게 생각한다. 부동산을 소유하는 동안 꾸준하게 얻는 임대 수익과 시간이 지날수록 증가하는 자산의 가치를 염두에 두기 때문이다. 그러나 이보다 더 중요한 것은 다름 아닌 '부동산을 전문적으로 관리하는 것'이다.

부동산은 경제 활동의 한 부분이며 재테크의 영역이기도 하다. 투자자들은 기회비용을 생각하기 때문에 좀 더 나은 수익과 미래의 자산가치를 고려하여 그들이 거주하는 지역에서만 투자하지는 않을 것이다. 가령 한 투자자가 마이애미에서 평생을 살았다고 하자. 그가 뉴욕에 있는 아파트 건물을 구입하여 직접 관리를 한다면 겨울에 어떠한 사전 관리가 필요한지 모를 것이다. 반대로 뉴욕에 거주하는 전문 자산관리자는 뉴욕의 겨울을 대비한 사전 관리를 미리 해둘 것이다.

앞서 언급한 은퇴한 노부부의 예를 다시 가져와 보자. 문제의 세입자는 플로리다주에 위치한 도시의 평균 임대료(당시 시장 평균 임대료: 2,500달러)보다 한 달에 200달러 정도 저렴하게 약 3년간 거주했다. 이는 3년간 7,200달러의 임대 손실이 있었다는 얘기고, 미납된 임대료는 연체료를 제외하고도 13,800달러(세입자가 지불한 실제 임대료는 2,300달러×6개월)나 되었다. 게다가 세입자가 개선이라는 명분으로 집을 개조하다가 그만둔 상태여서 그야말로 대공사를 하지 않을 수 없었다. 집의 모든 문들은 제거되어 있었고 집 전체를 마룻바닥으로 바꾸기 위해 2층과 계단의 카펫 또한 모두 제거되어 있었다. 1층 욕실에 설치하려 했던 대형 샤워 시설도 마무리가 되지 않고 끝낸 상태였다. 차고를 방으로 만들려다 실패하기도 했다.

문제의 세입자는 어떠한 것도 정식으로 허가받지 않았고, 그러다 보니 배관과 전기 문제도 해결해야 했다. 문제의 세입자로부터 발생한 총 손실 비용은 다음과 같다.

- 3년 동안 임대료를 인상하지 않아 발생한 손실: 7,200달러
- 밀린 임대료: 13,800달러
- 공사비: 4만 달러
- 총 손실액: 61,000달러(한화 약 8,300만 원)

*공사 등의 이유로 공실이었던 기간은 제외

노부부가 거의 20년 전에 이 집을 구입한 비용은 14만 달러(한화 약 1억 9,000만 원)였던 것을 감안하면 문제의 세입자로 인해 손해 본 손실액이 집을 구입한 비용의 거의 40%가 훌쩍 넘는다. 이러한 경제적 손실보다 더 심각한 문제는 끊임없는 스트레스와 시간의 낭비라고 볼 수 있다. 이렇듯 노부부의 사례는 투자자가

오늘부터 사야 할 부동산은 따로 있다

거주하고 있지 않은 지역에서 임대 부동산을 직접 관리할 경우의 나쁜 예를 매우 구체적으로 보여준다. 따라서 부동산 투자에서 자산의 가치 보호, 수익 창출, 리스크의 최소화를 위해서는 전문적 운영이 필수적이다.

자산관리 원칙 2

소통의 원칙:

손실을 최소화하려면 반드시 소통하라

• 출처: Turnkey Global Realty

사람들은 대화의 대립을 꺼린다. 그러나 아쉽게도 자산관리에서 이루어지는 대화는 주로 대립되는 경우가 많다. 모든 투자자가 가장 싫어하는 것이 바로 세입자를 대하는 일인데, 자산관리자는 문제에 자신감을 가지고 정면으로 대응해야 한다. 임대료를 정해진 날짜 안에 징수하려면 필수적으로 세입자들과 대화해야 한다.

세입자 역시 자산관리자와의 소통을 별로 좋아하지 않는다. 좋은 소식보다는 나쁜 소식을 전해야 하는 경우가 더 많기 때문이다. 미국의 임대료는 주로 선불이다. 보통 매달 1일부터 5일 사이에 임대료가 지불되는데 5일이 지나서 임대료를 지불하는 세입자들에게는 임대료 연체비가 별도로 부과된다. 가령 월 임대료가 2,000달러라고 했을 때 매달 5일이 지나게 되면 임대차 계약서에 명시된 내용에 따라 적게는 100달러, 많게는 200달러 정도의 연체비가 발생한다.

임대료를 기한 안에 지불하지 않는 세입자들과 대화를 해보면 거짓말을 하는 경우가 많다. 출장 중이었거나 아파서 일을 못 했다거나 우편으로 수표를 보냈으니 좀 더 기다리면 도착할 거라는 둥… 그렇게 기한이 지나 임대료를 지불하면서 연체료는

오늘부터 사야 할 부동산은 따로 있다

받지 말라고 격앙된 어조로 말한다. 이쯤 되면 세입자와의 소통이 부동산 자산관리에서 가장 중요한 위치를 차지하고 있다는 것에 이견을 갖는 사람은 없을 것이다. 임대료 및 연체료 징수, 보수 및 수리를 위한 요구, 계약 위반이나 주민들의 불만 해결 등 모든 것이 소통에서 비롯되어 소통으로 마무리된다고 생각하면 편하다. 이 대립적 소통이 싫어 피하기만 한다면 나중에 더 큰 손실을 초래하게 될지도 모른다.

자산관리 원칙 3

유지 관리의 원칙:

신속한 관리는 자산의 가치를 보호한다

* 출처: Turnkey Global Realty

세입자의 유지 관리 요청은 많은 부동산 소유자에게 큰 어려움이 될 수 있다. 자산관리 회사의 도움 없이 부동산 주인들이 직접 관리하는 경우 세입자의 형편에 맞게 보수 작업을 해주는 것이 사실상 만만치가 않다. 문제는 내 시간이 아닌 세입자의

오늘부터 사야 할 부동산은 따로 있다

시간에 맞춰 수리나 공사를 진행해야 한다는 것이다. 나는 유지 관리 이슈로 인해 벌어지는 끔찍한 상황들을 많이 보았다. 그리고 그 결과가 자산의 가치와 직결되는 것을 또한 경험했다.

　하루는 타운하우스 4채를 소유하고 있는 집주인으로부터 연락이 왔다. 그는 타운하우스가 있는 지역에서 1시간 거리에 살고 있었다. 처음에는 집을 거래했던 부동산 중개인에게 관리를 받다가 지금은 직접 관리를 해오고 있다고 했다. 문제는 지금부터였다. 세입자가 이사를 나간 후 나는 직접 그 집에 찾아갔다. 집 현관문을 여는 순간, 경악할 수밖에 없었다. 셀 수 없이 많은 바퀴벌레와 바퀴벌레 사체들이 곳곳에 널브러져 있었던 것이다. 청소는 전혀 되어 있지 않았고 열린 냉장고 안에는 부패한 식료품들이 고약한 냄새를 풍기고 있었다. 12년 정도의 연식이라고는 믿기지 않을 만큼 집 상태는 열악했다. 나는 어떻게 이런 집에서 세입자가 살 수 있었는지 궁금하기만 했다. 문제가 있는 부분을 사진 찍어 집주인에게 전송했다. 그러고는 이 같은 사실을 알고 있는지 물었다. 집주인은 그제야 그간 있었던 일을 이야기해 주었다.

　몇 개월 전 집주인은 냉장고 작동이 제대로 되지 않는다는 세입자의 연락을 받았다. 그러나 현장 방문을 하지 않았고 냉장고를 직접 주문한 후 영수증을 보내주면 그 금액만큼 임대료에서 차감해 주겠다고 세입자에게 말했다. 그뿐만 아니라 세입자는 오래전부터 바퀴벌레 때문에 골머리를 앓고 있다고 집주인에게 일러주었는데 그것에 대한 조치 역시 세입자에게 맡기고, 영수증을 보내주면 임대료에서 차감하는 방식을 권했다. 세입자에게 관리를 떠맡긴 결과는 불을 보듯 뻔했다.

결국 세입자는 제대로 임대료를 지불하지도, 집을 제대로 관리하지도 않은 채 다른 곳으로 이사를 가버렸다. 그러나 더 큰 문제가 남아 있었다. 세입자가 집주인을 상대로 소송을, 그러니까 구조적 퇴거Constructive Eviction 신청서를 카운티 법원에 제출한 것이다. 자신이 임대한 주택이 차마 살아갈 수 없는 환경이었고, 그에 따른 적절한 조치를 집주인에게 몇 번이나 요구했지만 즉시 해결해 주지 않았으며 그로 인해 건강상의 문제가 생겨 이사를 나갈 수밖에 없었으니 임대차 계약서에 명시된 임대 기간의 의무를 종료해 달라는 내용이었다. 더불어 문제가 발생한 시점에 지불한 임대료의 환불을 요청해왔다.

이에 대한 최종 판결은 판사의 몫이지만 구조적 퇴거에 대한 조건이 일견 합당하게 성립되는 상황이었다. 결국 집주인은 세입자와 합의 후 임대차 계약을 종결하고 한 달 임대료와 같은 금액을 이사 비용 차원으로 지불해주는 조건으로 상황을 마무리했다. 이처럼 관리의 지연은 집주인으로 하여금 적지 않은 재정적 손해를 입힌다. 집주인은 해충 관리 회사를 통해 수차례 벌레퇴치 작업을 했고, 옆에 붙어 있는 다른 유닛들까지도 함께 손을 보았다. 엎친 데 덮친 격으로 지붕에서 물이 새고 있었고, 작동이 제대로 되지 않는 가전제품들과 카펫 전체를 교체해야 했으며 페인트도 다시 칠해야 했다. 목록을 금액으로 환산해 보면 다음과 같다.

- 지붕 교체: 12,000달러
- 가전제품 교체 및 수리: 4,500달러
- 카펫 교체: 3,000달러
- 페인트칠: 3,500달러

총 23,000달러 정도가 들었으며 이는 세입자의 이사 비용으로 지불한 한 달 치 임대료와 해충 관리 비용 등을 포함하지 않은 금액이다. 이와 같은 사례처럼 투자한 부동산의 관리를 세입자에게 위탁한다거나 유지 관리를 지연시키면 부동산 가치에 심각한 영향을 미치게 된다. 잃어버린 자신의 재산을 되찾기 위해 얼마나 많은 불필요한 경비를 지출해야 하는지 기억해야 할 것이다.

만약 보수 관리 비용을 투자하지 않고 이 상태 그대로 집을 팔고자 한다면 어떨까? 예상 지출 비용인 23,000달러를 할인해 판매한다고 해도 팔린다는 보장은 없다. 오히려 구매자들은 할인된 가격보다 들어가야 할 돈이 훨씬 크다고 생각하기 때문이다. 이는 집에 대한 유지 관리를 지연하면 부동산의 가치가 심하게 하락할 수 있음을 보여주는 좋은 예시라고 할 수 있다. 신속한 조치와 관리가 자산의 가치를 보호할 수 있다는 것을 명심하자.

자산관리 원칙 4

비용 통제의 원칙:

유지 관리 시스템을 구축하라

• 출처: Turnkey Global Realty

　부동산은 정기적으로 유지하고 관리할수록 불필요한 비용을 절감할 수 있고 향후 더 큰 문제의 발생을 막을 수 있다. 전문 자산관리자는 수리가 필요한 부분부터 세입자가 임대 계약 약정을 잘 준수하는지 정기적으로 검사하고 확인한다. 대형 거주용 자산관리 회사는 대개 사내 유지 관리팀을 보유하고 있는데, 공급업체로부터 우대 가격 및 수량을 따져 할인을 받는 경우가 많다. 이것만으로도 비용 절감 효과를 어느 정도 얻을 수 있다. 더불어 신뢰할 수 있는 각 분야의 수리 전문 업체를 찾는 스트레스 또한 줄일 수 있으니 일석이조라고 볼 수 있다.

전문적인 자산관리 회사는 이미 검증된 수리 전문 업체들과 사업 유대 관계를 맺고 있는 경우가 많다. 유지 관리 비용을 절감하기 위해 엄격한 유지 관리 시스템을 갖추는 것이 절대적으로 중요한 까닭이기도 하다. 검증된 배관공, 전기 기술자, 냉난방 기술자 등과 좋은 사업 유대 관계를 구축함으로써 비용을 절감할 수 있다. 자신이 전기 회사의 매니저라고 했을 때 2,000개의 거주용 주택을 관리하는 자산관리 회사 계정과 임대 주택 한 채를 소유한 집주인의 계정 중 어느 계정에 더 좋은 서비스와 더 높은 할인율을 제공하려고 하겠는가?

무엇보다 상황이 급박할 때, 이들은 자산관리 회사의 서비스 요청에 즉각적으로 대응하고 처리해주기 때문에 질 좋은 유지 관리가 가능해진다. 이러한 통제된 비용 절감 시스템은 궁극적으로 부동산 소유자의 전체적인 관리 비용을 절감과 시간의 절약,

나아가서는 자산의 가치를 최대한으로 보호한다. 이렇듯 운영 관리 비용 절약에 있어 유지 관리 시스템의 구축은 필수적이다.

자산관리 원칙 5

최소 공실의 원칙:
공실을 줄이려면 양질의 세입자를 구하라

* 출처: Turnkey Global Realty

공실은 앞에서 설명한 부동산 자산에 대한 유지 관리와 마찬가지로 지속적인 재정적 손실을 불러일으키는 요소이며 부동산 관리에 가장 큰 스트레스가 되는 요소라고도 볼 수 있다. 임대에 30일이 소요된다면 한 달간의 잠재 소득을 잃는 셈이 된다. 신속하고 효율적인 임대 시스템이 그래서 중요하다.

살고 있던 집을 임대하고 더 큰 집을 지어 이사하려는 사람이 있었다. 그는 우리에게 임대 및 자산관리 의뢰를 했고, 이미 구축되어 있는 자산관리팀이 빠르게 추진하여 임대를 마무리할 수 있었다. 간단한 수리를 하고 청소를 하는 데 걸리는 기간이 대략 3일, 마케팅과 네트워크로 양질의 세입자를 구해 임대차 계약을 작성한 것이 10여 일. 공사가 마무리된 후 곧 세입자가 입주했다. 당시 시장 임대료는 월 2,500달러였다. 공실을 계산하면 하루 83달러의 손실이 발생한다. 만약 공실이 3개월이었다면 총 7,500달러의 손실을 볼 수도 있었다. 공실인 임대 부동산을 가능한 한 신속하게 점유로 전환하는 것이 얼마나 중요한지 알 수 있는 대목이다.

공실 기간의 최소화를 위해 가장 중요한 것은 다름 아닌 양질의 세입자를 구하는 것이다. 양질의 세입자에게 임대하게 되면 임대 주택을 사용하는 습관이나 태도가 좋아 이사를 나간 이후에도 집의 상태가 대부분 양호해 수리 비용과 기간이 그만큼 단축된다. 이사를 나가는 과정에서도 소통이 잘 되어 퇴거 과정이 신속하게 마무리되고, 결국엔 다른 세입자들에게 신속하게 임대할 수 있게 되는 것이다.

전문적인 자산관리 회사가 양질의 세입자를 고를 때 거치는 통상적인 절차가 있다. 나는 이러한 절차의 중요성을 특히 강조하고 싶은데 다름 아닌 임대 계약 신청서와 함께 크레딧, 근무 이력, 임대 이력, 백그라운드를 검토하는 일이다. 이러한 절차를 생략하고 감정적으로, 직감적으로 세입자를 구해 임대할 경우 어떠한 재정적인 손실을 보게 되는지 앞서 언급한 사례를 통해 우리는 충분히 알 수 있었다. 예컨대 범죄 경력이 있는 잠재적 거주자는 우리 같은 전문 자산관리 회사에서 관리하는 임대 부동산에 임대 계약 신청서를 제출하는 것을 꺼린다. 그도 그럴 것이 그들은 전문 자산관리 회사에서는 사전에 이러한 정밀 조사가 진행된다는 것을 알기 때문이다. 그래서 이러한 세입자들은 임대하려는 거주용 부동산의 관리자가 집주인인 경우를 선호한다.

평판이 좋지 않은 세입자를 입주시키는 것은 부동산 가치에 부정적인 영향을 미친다. 이후에 겪게 될 경제적 손실과 정서적 고통이 이루 말할 수 없기에 더욱 그렇다. 전문 자산관리 회사에서 임대 계약 신청서를 담당하게 되면 일단 부동산 소유자는 자산을 기본적으로 보호받을 수 있으며, 백그라운드 조사에 대한 암시만으로도 좋지 않은 잠재적 세입자들을 사전에 저지할 수 있다. 공실을 줄이기 위해서는 양질의 세입자를 구해야 한다는 것쯤은 필히 기억해두자.

오늘부터 사야 할 부동산은 따로 있다

자산관리 원칙 6

사전 방지의 원칙:

위험 요소에 미리 대비하라

　부동산 자산관리의 핵심인데도 사람들이 잘 신경 쓰지 않는 것이 있다. 잠재 세입자와 부동산에 이미 거주하고 있는 세입자들을 두루 다루는 데 필요한 '법적 요소들'이다. 부동산 자산관리를 전문적으로 하는 회사는 필수적으로 전문 변호사들과 함

께 일을 한다. 그리고 그들의 전문적인 조언을 바탕으로 업무에 임한다. 이는 어떤 법적인 문제가 발생할 경우 효율적으로 문제를 처리할 '준비'가 되어 있어야 하기 때문이다. 임대 부동산을 소유하고 있는 경우 법적인 문제에 직면할 경우가 많다. 세입자의 퇴거와 같은 단순한 문제부터 세입자가 부동산 소유자를 상대로 소송하는 경우까지, 다양한 문제점들이 도사리고 있다는 것이다. 이러한 위험 요소에 대응할 수 있는 사전 준비가 되어 있지 않으면 난항을 겪게 된다.

단순해 보이는 절차라도 잘못 처리하면 큰 문제가 될 수 있다. 대부분의 소송 건은 법률에 대한 무지나 오해로 발생하는 경우가 많다. 미국은 주마다 주법이 다르기도 해서 부동산이 위치한 주의 법률을 이해하고 준비하는 것이 바람직하다. 또한 위험 요소에 대비하려면 임대차 계약서는 물론 세입자들과의 소통 내역을 명확하고 세세하게 기록해 두어야 한다. 사람은 자신이 원하는 것만 듣고 그렇지 않은 것들은 잊어버리는 성향이 있다. 현재 입주해서 살고 있는 세입자들과 잠재적 세입자들 역시 마찬가지다. 대화를 문서화 하지 않고 서면 통지를 제공하지 않았을 때 발생하는 법적 분쟁은 그야말로 괴로움 그 자체일 것이다. 따라서 자산을 보호하기 위해서는 법적 분쟁과 같은 '어렵고 헷갈리는' 위험 요소에 대한 철저한 대비가 수반되어야 한다.

오늘부터 사야 할 부동산은 따로 있다

CHAPTER 3

임대와 함께하는
미국 부동산 투자 게임

◇◇◇◇◇◇◇◇

임차인 선별과 임대 계약의 기술

어떻게 최적의 임차인을
찾을 수 있나?

3장에서는 자산관리의 6가지 원칙 중 전문 운영의 원칙, 소통의 원칙, 최소 공실의 원칙, 사전 방지의 원칙을 수행하는 기술에 대해 말하려 한다. 앞서 언급한 '최소 공실의 원칙'에서 전체적인 공실의 기간을 최소화하기 위해 가장 중요한 것이 바로 양질의 세입자를 구하는 것이라고 했는데, 지금부터 최적의 임차인을 찾는 방법에 대해 구체적으로 알아보자.

최적의 임차인을 구하기 위해서는 검증된 절차에 따라야 하며 결정에 있어서도 신중해야 한다. 잠재적 임차인에게 임대 계약 신청서를 작성하게 하고 근무 이력, 임대 이력, 크레딧, 백그라운드 조사를 통해 신중한 검토가 이루어져야 한다는 것이다. 보충 서류가 필요하다고 판단될 시 잠재적 임차인에게 은행 잔고 증명서와 세금 보고서를 요청할 수도 있다. 크레딧 조사나 백그라운드 조사의 비용은 일반적으로 잠재적 임차인이 부담하기 때문에 부담 없이 진행해도 된다.

여러 번 언급했듯 절차를 따르지 않을 경우, 그 결과는 장담할 수 없다. 좋지 않은 잠재적 임차인일수록 나쁜 경험을 가지고 있는 경우가 많기 때문이다. 그들은 그러한 경험들을 악용하여 경험이 부족한 집주인들을 곤경에 빠뜨린다. 집주인들은 주로 질로우Zillow나 레드핀Redfin 등 부동산 온라인 플랫폼을 통해 잠재적 임차인을 찾는데, 항상 그런 건 아니지만 좋지 않은 잠재적 임차인들은 이러한 플랫폼에서 집주인이 관리하는 빈집을 타깃으로 임대 계약 신청서를 제출하곤 한다. 그들이 가장 많이 크게 보는 부분은 이 두 가지다.

① 관리하는 이가 누구인가?

② 현재 공실인가?

오늘부터 사야 할 부동산은 따로 있다

당연하게도 그들은 전문적인 자산관리 회사의 시스템을 별로 좋아하지 않는다. 앞에서 설명한 것처럼 재정적 기록이 별로 좋지 않기 때문에(본인들도 그걸 알고 있고), 전문적인 자산관리 시스템을 갖춘 아파트에는 웬만해서는 임대 계약 신청서를 제출하지 않으며 전문 자산관리 회사가 관리하는 거주용 부동산의 임대 역시 꺼린다. 그들의 타깃은 말하자면 '착한 집주인'인 것이다. 그도 그럴 것이 그들은 거주하고 있는 임대 주택에서 빨리 이사를 해야 하는 긴급한 상황에 놓였거나 다른 임대 계약 신청에서 승인을 받지 못한 경우가 많아 가능한 한 빨리 입주하기를 원하며, 그 때문에 비어 있는 집을 더욱더 선호한다.

오랜 기간 많은 경험을 한 전문적인 자산관리 회사는 이렇듯 좋지 않은 잠재 세입자들을 가려내고 양질의 세입자를 선별할 수 있지만, 임대를 처음 하는 집주인일 경우 양질의 임차인을 어떻게 선별하는지 모를 수 있다. 좋은 임차인의 선별법은 이렇다.

☑ 임차인 선별 전 체크 사항

• 고용 상태를 유지하고 임대료를 지속적으로 지불할 충분한 소득이 있는가?

- 이웃과 아무 탈없이 잘 어울릴 것인가?

- 임대료 지불 능력이나 습관은 어떠한가?

- 소통의 의지가 있고 대화가 잘 통하는가?

- 장기 임대에 대한 의지가 있는가?

- 임대 계약 조건(반려동물 금지, 흡연 금지, 대규모 파티 금지, 임대 주택에 함께 거주하는 이들의 개인 정보 보호 등)을 이해하고 이에 동의하는가?

이러한 요소들을 기준으로 잠재적 임차인을 어느 정도 파악을 했다면, 이제는 잠재적 임차인이 제출한 임대 계약 신청서를 통해 확인할 것들을 살펴보자.

☑ 임대 계약서를 통한 체크 사항

- 임대 계약 신청서를 검토한 후 임차인의 프로필을 정리한다.

- 눈에 띄는 주요 특징을 기록한다.

　오늘부터 사야 할 부동산은 따로 있다

- 크레딧 조사를 한 후 채무 불이행, 퇴거, 연체 등의 기록을 살핀다.

- 민사 판결 또는 파산의 기록이 있는지 확인한다.

- 백그라운드 조사를 한 후 성범죄나 폭행의 기록이 있는지 확인한다.

- 과거의 자산관리 회사나 집주인에게 연락해 임대 기록을 확인한다. (이 경우 장기 임대 기록을 확인하는 것이 좋다)

- 안정적인 직업 이력과 고용 기간을 검토하고 현재 고용주로부터 고용 사실을 확인한다.

- 소득 관련 서류를 검토하여 소득 대비 부채 비율을 확인한다.

- 신청서에 거짓이나 누락된 정보가 있는지 확인한다.

이처럼 양질의 임차인을 구하기 위해서는 신경 써야 할 게 한두 가지가 아니다. 이 사항들과 더불어 전문 자산관리 회사의 서류 심사 과정을 제대로 알고 대처한다면 검증되고 신뢰할 수 있는 임차인을 만날 수 있을 것이다.

임대 계약
노하우 배우기

'사전 방지의 원칙'을 따르기 위해서는 즉, 위험 요소를 미리 알고 준비하기 위해서는 잘 작성된 임대 계약서가 필수적이다.

임대 관련 소송을 다루는, 오래 알고 지낸 변호사님이 있다. 그분의 말에 따르면 법정에서 패소한 사건 대부분은 소송의 문제가 되는 것들이 임대차 계약서에 정확하게 명시되어 있지 않아서 발생하는 일들이다. 카운티 법원의 보안관으로 근무했던 데이비드David 역시 본인 소유의 임대 부동산 관련 소송에서 패소한 경험이 있었다. 오랫동안 카운티 보안관으로 일했고 다양한 경험을 해봤기에 당연히 승소할 거라 생각했었는데 뜻밖의 결과

오늘부터 사야 할 부동산은 따로 있다

를 맞이하게 된 것이다.

그의 임차인은 임대 주택에 입주를 한 이후 임대료를 꾸준하게 지불하다가 어느 날부터인가 임대료를 제때 지불하지 않기 시작했고 수차례 연락을 시도했으나 연락이 닿질 않았다. 그는 임대료를 계속 못 받을 경우 손실이 더 커질 것을 우려해 자신이 근무했던 카운티 법원에 임차인을 상대로 퇴거 명령 신청서를 제출했다. 그런데 웬 말인가? 그의 임차인이 그를 역으로 소송한 것이다. 이유는 이러했다.

집 앞 차도에 주차해 둔 차가 아침에 일어나 출근하려고 보니 감쪽같이 사라져 있었다. 임차인의 차를 주택소유자협회HOA에서 견인해 간 것이다. 주택소유자협회 규정에 맞지 않는 대형 차량은 집 앞 차도에 주차할 수 없는데 주택소유자협회 규정을 위반하고 주차했다는 것이 그 이유였다. 임차인은 어렵게 차량을 찾아 왔다. 그는 더 이상 집 앞에 주차할 수가 없어 매일 다른 곳에 차를 주차하고 먼 길을 걸어 집에 오곤 했다. 그러던 중 임대료를 지불하지 않았고, 임대차 계약의 파기를 위해 임대차 계약서를 가지고 변호사를 찾아가 끝내 데이비드를 상대로 소송까지 하게 된 것이다.

데이비드가 패소한 이유는 임대차 계약에 '임차인이 집 소유자로부터 주택소유자협회 약정HOA Covenants을 받아서 읽었다'는 내용이 정확하게 명시되어 있지 않았기 때문이다. 즉, 데이비드는 임차인에게 충분히 일러 주어야 하는 내용을 등한시했고 그로 인해 임차인이 피해를 보게 된 셈이다. 임대 계약은 곧 파기되었으며 60일 안에 이사를 나가게 되었다. 결국 데이비드는 벌금 500달러를 부과받았다. 밀린 두 달 치 임대료도 한 달 치만 받을 수 있었고 그렇게 소송이 마무리되었다. 임대차 계약서에 주택소유자협회 관련 규정을 정확하게 명시하지 않아 빚어진 결과이다.

이렇듯 임대차 계약은 궁극적으로 부동산 소유자의 재정과 자산을 보호하는 데 핵심적인 역할을 한다. 양 당사자를 소송까지 가게 만드는 크고 작은 '오해'들 또한 사전에 막아준다. 그런즉 법적 효력이 필요한 요소들은 반드시 계약서에 기입되어 있어야 함을 잊어서는 안 되겠다. 이제 어떤 요소들이 '반드시' 임대차 계약에 포함되어야 하는지 정리해보자.

오늘부터 사야 할 부동산은 따로 있다

☑ 임대차 계약서에 포함되어야 하는 항목

- 50개 주 전체는 아니지만 미국 대부분의 주에서는 임대 계약의 유효성을 위해 임대 계약서가 서면으로 작성되어야 한다.

- 부동산에 대한 상세한 설명이 포함되어야 한다.

- 임대 시작 날짜와 종료 날짜가 포함되어야 한다.

- 지불해야 할 임대료 금액이 정확하게 명시되어야 한다.

- 임대료 지불 기한과 지불 방법을 명시해야 한다. (임대차 계약에는 세입자가 임대료를 전달하는 정확한 날짜, 집주인이 제공하는 임대 기간, 세입자가 임대료를 전달하는 장소가 명시되어야 함. 가령 집주인 사무실로 수표를 우편으로 보내는 경우 집주인 사무실 주소가 명시되어야 하며, 집주인의 은행 계좌로 입금할 경우 집주인의 은행 계좌 번호가 명시되어야 함)

- 일반 임대 조항이 최대한 자세하게 작성되어야 한다. (일반적인 임대 조항에는 보증금, 공과금 의무, 애완동물 보증금 등이 포함됨. 또한 임대 주택의 일반적인 유지 관리를 위한 책임 규정, 주차 규칙 및 집주인의 의무, 임차인의

보험 및 의무 등의 상세 규정이 포함)

- 부동산 임대차 계약 당사자는 계약을 체결할 수 있는 법적 능력을 가지고 있어야 한다. (18세 이하의 미성년자는 임대 계약을 체결할 수 없음. 더불어 정신적 문제가 있는 사람이 임대차 계약을 체결하는 경우 무효로 간주)

- 임대 목적은 합법적이어야 한다. (임대할 부동산을 불법적인 목적으로 사용하는 경우 임대차 계약은 무효로 간주)

- 계약의 모든 조건은 양 당사자가 합의해야 하고 서명해야 한다. (일반적으로 유효한 임대 계약에 대한 대가는 임대료 지불임. 임대료는 일반적으로 임대 기간 동안 고정되며 양 당사자가 서면으로 합의하지 않는 한 변경할 수 없음. 이러한 요소들은 주로 아파트, 콘도, 타운하우스, 단독 주택과 같은 거주용 부동산에 대한 임대차 계약 기준. 상업용 임대차 계약에는 기타 구조물에 대한 조항이 포함될 수 있음. 일반적으로 미국 연방법과 주법은 거주용 부동산의 임차인에게 더 많은 보호를 제공함)

이러한 임대차 계약은 한 장이든 열 장이든 분량의 제한이 없다. 다만 대부분의 임차인들이 모든 내용을 낱낱이 읽고 서명하지 않기에 위의 요소들이 포함되어 있음을 가능한 한 명확하게 일러주는 것이 바람직하다. 임대인과 임차인의 분쟁이 발생할 때 이러한 행위들이 분쟁을 잠재울 수 있기 때문이다.

슬기로운
임차인 관리법

부동산 자산관리에서 가장 큰 비중을 차지하는 것은 단연 '임차인들과의 소통'이다. 자산관리의 대부분이 그들과의 소통으로부터 시작된다고 해도 과언이 아니다. 이 '소통'은 임대료를 징수하고 유지 관리와 관련된 문제를 해결하며, 임대차 계약과 임차인들 간의 분쟁 및 임차인과 동네 주민들 간의 문제들도 처리해준다. 따라서 임차인을 제대로 관리하기 위해서는 지속적인 소통과 빠른 문제 해결이 요구되며 다세대 주택을 소유하고 있는 경우, 주민들과 임차인들 간의 문제도 처리해야 한다.

오래전 주민들과 임차인 간의 분쟁이 있었다. 임차인은 애완

오늘부터 사야 할 부동산은 따로 있다

견을 키우고 있었고 분쟁의 원인은 다름 아닌 개똥이었다. 임대차 계약서 작성 시 임대인은 임차인에게 애완동물 보증금을 정확하게 명시하였고 임차인 역시 임대료를 잘 지불하고 있었다. 임차인은 아침마다 애완견과 산책을 했는데 한 주민의 집 앞마당에 매일같이 똥을 쌌던 모양이다. 당연히 임차인은 애완견의 똥을 그때마다 잘 치웠다. 문제는 그 주민이 '주택소유자협회'로부터 경고 편지를 받은 후 발생했다. 집 앞의 개똥을 없애라는 통보와 앞마당 잔디의 일부가 훼손되어 더 이상 잔디가 자라지 않으니 그 부분에 잔디를 보충해야 한다는 것이었다. 주민은 본인 집 앞마당의 개똥이 임차인의 애완견이 싼 똥이라고 주장했다. 그 애완견이 본인 집 앞마당에 자주 똥오줌을 싸서 그 부분의 잔디가 손상되었다는 것이다.

그들 사이의 분쟁은 커졌다. 급기야 주민은 자산관리를 담당하고 있는 우리 회사를 찾아와 그녀를 쫓아내라고 요구했다. 그러나 우리는 임차인에게 아무것도 요구할 수 없었다. 그도 그럴 것이 임대차 계약상 임차인의 의무나 규칙을 위반하지 않았기 때문이었다.

임차인을 잘 관리하기 위해서는 모든 대화를 문서화 해두는

게 좋다. 우리 회사의 자산관리팀은 임차인과의 대화 내용을 기록하고, 그 대화 내용이 정확하다는 임차인의 동의와 서명을 받은 후 보관한다. 우리는 그러한 대화 기록을 '커뮤니케이션 저널'이라고 부른다. 이러한 '기록'이 중요한 이유는 무엇일까?

임차인과 처음 작성한 임대차 계약에서, 임대 만료 60일 전에 임차인으로부터 임대 기간을 연장한다는 서면 통보가 없을 시 자동으로 월별_{Month To Month} 임대료로 전환되어 시장 임대료보다 높게 측정되어 임대료를 받게 된다. 이 조항은 계약 당시 계약서에 명시되어 있다.

벤_{Ben}이라는 임차인이 있었다. 벤은 임대 만료 6개월 전에 우리 사무실에 들러 임대 기간을 1년 더 연장할 경우 임대료가 어떻게 되냐고 물었다. 자산관리팀 담당자인 대니얼_{Daniel}은 계약서 기준, 현재 임대료에서 3% 인상된 임대료로 갱신할 수 있고 만약 2년을 연장하면 2%만 인상하겠다고 했다. 벤은 임대 기간 연장을 서면으로 통보받으면 임대 기간을 2년 연장하고 현재 임대료에서 2% 인상하는 것에 동의하겠다는 뜻을 밝혔다. 대니얼은 곧 대화 내용을 문서화하여 벤의 서명을 받았다.

오늘부터 사야 할 부동산은 따로 있다

그러나 4개월 후, 벤은 대니얼에게 소리치며 2년으로 임대 기간을 연장하면 현재 임대료와 똑같이 해준다고 하지 않았냐고 소란을 피웠다. 대니얼은 침착하게 벤의 파일을 꺼내 2년 임대 기간 연장 시 현재 임대료를 기준으로 2% 인상된 임대료가 적용된다는 것에 동의한 서류를 보여 주었다. 그제야 벤은 침묵하며 아무 일도 없었다는 듯이 사무실 문을 나섰다.

임차인에게 알려야 하는 모든 내용은 이메일에 그 기록을 남기는 것이 좋고, 기존 계약서에서 수정되는 부분을 임차인에게 알릴 경우, 특히 법적인 고지 사항을 전달할 경우에는 임차인의 서명을 받을 수 있는 등기 우편을 활용하는 것이 좋다. 이때 주의할 것이 있는데, 법적 고지에 관한 법률이 주마다 다르므로 각 주의 해당 변호사로부터 적절한 양식을 제공받아 사용해야 한다. 임차인에게 잘못된 퇴거 통지 양식을 전달하면 전체 절차가 무효화되고 불필요한 비용과 시간이 소요될 수 있기 때문이다.

임차인과의 소통 목적이 관리하는 부동산의 재정과 자산의 '보호'임을 잊지 말아야 한다. 만약 임차인이 사소한 이의를 제기하고 그 문제가 해결이 안 되어 법정 소송을 하게 될 경우, 가장 먼저 고려해야 할 것이 '관리하는 부동산의 재정과 자산의 보호'

세입자 관리의 4가지 원칙

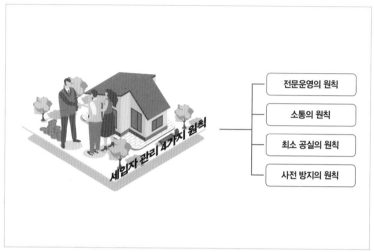

전문운영의 원칙

소통의 원칙

최소 공실의 원칙

사전 방지의 원칙

• 출처: Turnkey Global Realty

라는 것이다. 가령 사소한 분쟁을 해결하는 데 드는 비용이 500 달러 정도라면 때로는 법정에서 승소할 수 있음에도 법정 수수료나 변호사 비용 등을 먼저 따져봐야 한다. 그리고 그 비용이 2,000달러 이상이라면 되도록 소송을 피하고 임차인과의 분쟁을 500달러 선에서 해결하는 것이 바람직하다.

저소득층이나 정부 지원 임차인에게 임대한 부동산이라면 특히 주의해야 한다. 그들은 일반적으로 주정부가 후원하는 법률 지원을 받을 자격이 있으므로 굳이 소송을 피할 필요가 없다.

오늘부터 사야 할 부동산은 따로 있다

설령 소송에서 이기더라도 그들은 지불할 돈이 없기 때문에 이겨도 이긴 게 아니게 된다. 결국은 어느 쪽이든 재정적으로 손해를 보는 게임이니, 이왕이면 좀 더 적게 손해를 보는 게임에 뛰어들어야 할 것이다.

오늘부터 사야 할 부동산은 따로 있다

CHAPTER 4

미국 부동산 고수 되는 비법

관리와 개선의 기술

미국 임대 부동산
슬기롭게 관리하는 비법

자산관리는 투자의 수익을 높임과 동시에 리스크를 줄이고, 나아가 자산의 가치를 올리기 위한 부동산 사업이다. 사업 운영을 잘하려면 수입을 늘리고 지출을 줄이기 위한 노력을 마땅히 해야 할 것이다. 부동산 자산관리도 마찬가지다. 부동산 자산관리의 많은 부분을 차지하는 '유지 관리'는 자산의 가치에 엄청난 영향을 미친다. 앞에서도 누누이 강조했지만 유지 관리를 소홀히 하거나 미루면 금전적인 손실은 물론 임대 수입과 자산의 가치에도 막대한 피해를 입을 수 있다.

정해진 예산에서 충분한 경영 경험을 가진 사람이 능숙하게 사업 경영을 잘하는 것처럼 부동산 자산관리 역시 충분한 부동산 자산관리 경험을 가진 사람이 능숙하게 관리를 잘할 것이다. 사업 경영인이 수익을 극대화하기 위해 노력한다면 자산관리자는 현금흐름을 극대화하기 위해 노력한다. 이를 위해 기업은 각 사업 부서별로 경영 원칙을 세워 수행할 것이고 자산관리 회사 역시 자산관리 원칙을 세워 수행할 것이다. 자산관리에서 업무를 구분한다면 크게 '세입자 관리'와 '부동산 관리'로 나눌 수 있다. 4장에서 부동산 관리 기술을 함께 알아가 보자.

부동산 관리의 기술은 말 그대로 건물을 유지, 수리, 자본 개선을 신속하게 수행하는 기술을 말한다. 여러분의 이해를 돕기 위해 우선 유지, 수리, 자본 개선의 차이점을 먼저 살펴보겠다. 유지, 수리, 자본 개선의 차이를 평가하는 가장 간단한 방법은 지출한 비용이 부동산 가치를 얼마나 향상시켰는지 확인하는 것이다. 부동산의 가치를 향상시키는 것은 자본 개선으로 인정하며, 그렇지 않은 경우는 수리 또는 유지로 인정한다. 또한 유지 및 수리는 자산의 가치를 높이는 것이 아니라 단순히 원래 상태로 되돌리는 것을 의미한다. 유지와 수리는 종종 같은 개념으로 취급되지만, 유지는 사전 예방적이며 부동산 건물에 심각한 손상이 발생하기 전에 실행된다는 점에서 수리와는 다른 성격을 띤다.

ⓐ 유지

자산의 쇠퇴 또는 손상을 방지하기 위해 미리 관리하는 것. 예를 들어 전문가를 통한 냉난방 시스템$_{HVAC}$ 상태 및 성능을 매년 점검하는 것은 유지에 속한다.

ⓑ 수리

손상된 부분을 수정하고 원래 상태로 복구시키는 것이다. 가령 HVAC 시스템의 코일을 교체하는 정도로는 수리라고 보기 어렵다. 이 작업이 부동산 가치에 큰 영향을 주지는 못하기 때문이다.

ⓒ 자본 개선

일반적으로 자산의 수명을 연장하거나 가치를 향상시키는 것을 의미한다. 또한 부동산에 추가되는 작업, 부동산을 확장하는 작업, 부동산을 변경하는 작업, 더불어 부동산에 부착된 부분을 '완전히 교체'하는 작업을 자본 개선으로 간주한다. 가령 HVAC를 아예 새것으로 교체한다면 그것은 자본 개선이라고 볼 수 있다.

유지·수리·개선

유지	수리	개선
정기적인 바닥 왁싱 및 그라우트 교체	깨진 타일 교체 또는 마모된 카펫 재설치	바닥에 난방 시스템 설치
주차장 재포장	주차장에 포트홀 고정하기	신축, 증축 공간 확보를 위한 건축물의 철거
지붕 설치 및 창문 세척	갈라진 지붕 목공 작업	지붕 교체하기
난방, 환기, 공조 장치의 부품을 능동적으로 교체	고장난 난방, 환기 공조 장치 수리	난방, 환기, 공조 시스템을 에너지 고효율 장치로 교체

* 출처: Turnkey Global Realty

유지, 수리 비용은 운영 비용으로 간주되어 세금 보고를 할 때 과세 연도의 운영 지출로 세금 공제를 받게 된다. 반면, 자본 개선 비용은 부동산의 가치를 올리는 비용으로 간주되어 부동산을 매각할 때 자본 이익에서 자본 개선 비용을 차감하여 양도소득세를 계산하는 방식으로 적용된다. 운영 비용을 절약하면서 부동산 자산을 건강하게 관리하려면 정규적인 유지가 필수다. 예를 들어 3개월에 한 번씩 HVAC 시스템의 필터를 교체할 경우 (1회 비용 25달러), 1년에 100달러 정도 든다. 그러나 HVAC 시스템이 망가져 수리할 경우 어느 부분을 어떻게 수리하느냐에 따라 수리 비용이 500달러~2,000달러로 뛰고 완전히 새것으로 교체

오늘부터 사야 할 부동산은 따로 있다

할 경우 3,000달러~7,000달러의 비용이 발생하기도 한다.

내 몸을 건강하게 관리하려면 정기적으로 운동을 하면서 1년에 1번 정도는 건강 검진을 받을 것이다. 그리고 여기에는 시간과 비용이 들어간다. 만약 운동을 전혀 하지 않고 정기적으로 건강 검진도 받지 않은 상태에서 건강에 이상이 생길 경우, 치료를 위해 더 많은 시간과 비용이 들어갈 것이다. 거기다 치료를 계속 미루게 되면 나의 몸 상태는 서서히 망가질 것이고, 치료에 따른 시간과 비용이 기하급수적으로 불어날 것이다.

나는 유지 관리의 부족으로 끔찍한 상황에 놓인 사례를 거듭 강조했다. 유지 관리가 잘된 부동산은 부동산을 더 잘 관리할 만한 양질의 세입자를 끌어들이고, 그렇게 되면 운영 비용을 절약할 수 있을 뿐 아니라 건물의 수명을 더 오래 연장할 수 있다. 그렇다면 임대 부동산 자산을 슬기롭게 관리하기 위해 무엇을 해야 할까?

임대 관련법에 따라
임대인은 거주 가능한 기준을 준수해야 한다.

임대인은 임대할 부동산에 대해 지역, 주, 연방에서 정한 법규와 규정, 거주 가능한 기준을 따라야 한다. 이것은 임대인이 제공하는 주택의 '안정성'과 '거주할 수 있는 조건'을 충족시켜야 한다는 것을 의미한다. 이 기준은 건강과 환경 등과도 밀접한 관련이 있다. 이를 준수하지 않으면 법적으로 문제가 될 수 있는데, 어디까지나 거주 가능한 주택을 제공해야 하는 임대인의 '책임' 때문이다.

유지 및 수리 요청에 신속하게 대응해야 한다.

보통 유지 및 수리는 임차인의 일정에 맞추어야 하는데 그렇다고 해서 모든 문제에 즉각적인 개입이 필요한 것은 아니다. 임차인을 만족시키고 추가 피해를 최소화하기 위해 모든 유지 및 수리 요청은 가능한 한 신속하게 처리하는 것이 좋다.

오늘부터 사야 할 부동산은 따로 있다

정기 검사 일정을 잡고 전반적인 상태를 점검한다.

임차인의 임대가 시작되는 시점과 끝나는 시점의 검사뿐 아니라 정기적인 유지 관리를 통해 전반적인 상태를 검사하고 더불어 요청한 것 외에도 수리가 필요한 부분이 있는지 확인한다. 전체적인 체크리스트를 작성하거나 사진이나 영상을 찍어 부동산의 상태와 기타 문제들을 기록해 두는 것도 좋다. 특히 새로운 임차인이 입주를 하기 전과 임대 기간이 만료되어 이사를 나간 후, 해당 임차인과 함께 집의 상태를 살피고 이를 문서화해야 뒤탈이 없다. 화장실 들어갈 때 다르고 나올 때 다르다고 했다. 대부분의 문제는 임차인이 나간 후 보증금을 돌려주는 과정에서 발생한다.

정기적인 유지 관리 계획을 미리 준비한다.

상태가 악화되도록 내버려두지 말고 임대 부동산 유지 관리 일정을 미리 계획하고 준비한다. 그리고 일정한 간격을 두고 유지 관리 작업에 착수할 날짜를 잡는다.

유지 및 수리 비용을 최소화한다.

부동산에 대대적인 수리가 필요한 경우 먼저 몇 군데 회사의 견적을 비교한 후 비용을 최소화해야 한다. 사업 경영에 있어 지출은 재무제표에 상당한 영향을 미칠 수 있다. 따라서 사업 자금이 자본 지출과 운영 지출 중 어디로 흘러 들어가는지 이해하면 해당 지출을 계획하는 방법 자체가 달라진다. 더욱 중요한 것은 앞에서 이미 설명했듯이 각 비용 범주에 대해 세금을 다르게 공제할 수 있다는 것이다.

부동산 건물 관리의 6가지 원칙

• 출처: Turnkey Global Realty

오늘부터 사야 할 부동산은 따로 있다

미국 임대 부동산의 가치를 올리는 자본 개선

자본 개선 역시 부동산 가치 평가에서 가장 중요한 요소 중 하나다. 자본 개선은 부동산 가치를 높이는 데 있어 부동산 자산에 적용되는 또 다른 투자를 의미하는데, 이를 통해 부동산의 가치를 향상시키고 투자 수익을 극대화할 수 있다. 미국 부동산 고수들은 자본 개선을 통해 현금흐름을 극대화하여 자산가치를 최대치로 끌어올린다. 다시 말해 현금흐름과 자산가치를 끌어올리는 데 필요한 것이 바로 자본 개선이라는 것이다.

유지 및 수리가 지연될 때 자본 개선에 들어가는 비용이 많이 증가하더라도 자본 개선을 통해서 자산의 가치를 시장 가치로 돌릴 수는 있다. 만약 유지 및 수리 등의 관리가 제대로 잘 된 경우라면 좀 더 적은 비용으로 자산의 가치를 극대화할 수 있다. 자본 개선을 통해 현금흐름과 자산가치를 증가시키는 원리를 실제 사례를 토대로 살펴보자.

2020년, 찰리Charlie는 10개의 유닛이 있는 다가구 주택을 시세보다 저렴한 85만 달러에 구입했다. 구입 당시 본인 자금 25만 달러 외 나머지 60만 달러는 대출로 충당했다. 대출 상환 기간 30년에 이자 5%로 월 융자 대출 상환 금액은 3,220달러(원금+이자)였다. 임대료는 유닛당 월 800달러였고, 유지 및 수리가 지연되어 건물이 낡고 허름했지만, 위치가 좋아 공실이 없고 임대료가 시장 가격보다 저렴해 자본 개선을 통해 자산가치를 끌어올릴 수 있었다. 찰리는 이 건물을 구입한 즉시 한 유닛 당 1만 달러를 투자해 부엌 캐비닛과 카펫을 교체하고 내벽 페인트칠을 해 건물을 개선했다. 이후 임대료를 유닛당 월 1,100달러로 인상했다.

찰리가 이 건물을 구입했을 당시, 연간 임대 소득으로만 총 9만 6,000달러(800달러×10유닛×12개월)를 벌었다. 여기서 연간 총 지출 1만 1,000달러(재산세: 8,000달러, 보험: 2,000달러, 자산관리비: 1,000달

오늘부터 사야 할 부동산은 따로 있다

리)를 빼면 순운영소득NOI는 8만 5,000달러가 되고 여기서 연간 융자 대출 상환금 3만 8,640달러(3,220달러×12개월)를 빼면 현금흐름은 4만 6,360달러가 된다. 자본환원율Cap Rate은 10%(8만 5,000달러 / 85만 달러)다.

- 순운영소득 = 총수입 − 총지출
- 현금흐름 = 총수입 − 총지출 − 부채
- 자본환원율 = 순운영소득 / 부동산 가격

그럼, 이제 자본 개선을 통해 임대료를 각 유닛당 1,100달러로 인상한 후의 현금흐름을 계산해 보자. 개선 후, 연간 총소득은 13만 2,000달러(1,100달러×10유닛×12개월)다. 여기서 총 연간지출 1만 1,000달러(재산세: 8,000 달러, 보험: 2,000달러, 자산관리비: 1,000달러)를 빼면 순운영소득은 12만 1,000달러가 되고 여기서 연간 융자 대출 상환금 3만 8,640달러(3,220달러×12개월)를 빼면 현금흐름은 8만 2,360달러가 된다. 개선 후 현금흐름은 3만 6,000달러(약 4,900만 원) 증가했다.

그렇다면 자본 개선으로 현금흐름을 극대화한 후, 자산의 가치는 어떻게 바뀌었을까? 순운영소득이 12만 1,000달러고 여기에 찰리가 처음 다가구 주택 건물을 구입했을 당시의 자본 환원율 10%를 적용하면 개선 후 자산가치는 121만 달러가 되었다. 찰리는 10만 달러(1만 달러×10 유닛)의 비용으로 자본 개선을 한 후, 현금흐름을 3만 6,000달러 증가시켰으며 26만 달러(121만 달러-10만 달러-85만 달러), 원화로 약 3억 5,000만 원의 자본이익을 얻었다. 이렇듯 자본 개선은 현금흐름을 증가시키고 자산가치를 상승시키는 또 다른 의미의 투자다. 투자 수익을 극대화하기 위해서는 수입을 늘리고 지출은 줄여야 하듯이 자본 개선 비용을 줄이기 위해서는 유지 및 수리가 지연되지 않도록 해야 한다.

따라서 미국 부동산 고수들은 합당한 임대용 투자 부동산을 구입하는 것보다 구입할 자산을 어떻게 유지 관리하고 자본 개선을 할지 더 중요하게 생각한다. 부동산 자산에 대한 잠재적 소득을 변화시킬 수 있는 유일한 방법은 자산이 최대한으로 현금화되도록 관리하는 것이기 때문이다.

세입자 및 부동산 건물 관리 원칙

* 출처: Turnkey Global Realty

오늘부터 사야 할 부동산은 따로 있다

CHAPTER 5

미국 부동산의
현금흐름

자산관리를 통해 현금흐름을 극대화하라

슬기로운 미국 부동산 자산관리를 위한 재무제표 이해하기

앞서 언급했듯 자산관리는 사업 운영을 할 때처럼 수입을 늘리고 지출을 줄여 순수익을 최대화하는 것을 목표로 한다. 이는 현금흐름의 극대화이며, 이 모든 것이 자산관리의 '재무제표'에서 비롯된다. 부동산 투자자의 가장 큰 목표는 소유한 부동산에서 최대한으로 현금화를 하는 것이다. 시장 평가를 통한 자산의 가치는 추가 보너스다. 더불어 잠재적 수익을 변화시킬 수 있는 유일한 방법은 '자산을 통해 현금흐름이 이루어지도록 관리'하는 것이다.

이토록 중요한 현금흐름을 극대화하기 위해서는 자산관리의 재무제표를 읽는 데 먼저 능숙해야 한다. 자산관리의 재무제표는 관리하는 임대 부동산의 현재의 가치를 평가하는 성적표와 다름없기 때문이다. 따라서 부동산 투자의 고수가 되기 위해서는 자산관리의 재무제표를 반드시 이해해야 한다. 수치화된 평가서인 재무제표를 통해 수익을 어떻게 늘릴 것인지, 지출은 어떻게 줄일 것인지 고민하며 좀 더 나은 현금흐름을 창출해 낼 수 있다. 다시 말하지만, 현금흐름은 총수입에서 총지출과 부채 상환금을 뺀 나머지 순수익이다.

현금흐름 = 총수입 − 총지출 − 부채

총수입과 총지출은 전적으로 자산을 관리하는 부동산 소유자나 관리자가 통제할 수 있다. 따라서 부동산 투자 게임에서 현금흐름을 극대화하고 싶다면 재무제표의 기본 원리를 알아야 한다. 자산관리의 재무제표를 이해하기 위해서는 총수입과 총지출 내역을 먼저 살펴볼 필요가 있다.

① 총수입

다음은 샘sam이 소유한 아파트 건물(100유닛) 재무제표의 총수입에 관한 것이다.

재무제표의 총수입

(단위: 달러)

총수입	2023년		2022년
A) 잠재 총 임대소득	984,000	2.5%	960,000
B) 임대 손실	40,000	−54%	88,000
C) 임대 할인	17,000	62%	10,500
D) 기타 손실	23,000	−11%	26,000
E) 임대 공실	74,000	13%	65,000
F) 유효 임대소득	830,000	7.7%	770,500
G) 기타 수입	55,000	139%	23,000
총 임대소득	**885,000**	**11.5%**	**793,500**

* 출처: Turnkey Global Realty

A) 잠재총임대소득

잠재 총 임대소득은 시장 가격을 기준으로 하여 특정 기간 동안 임대 가능 공간이 100% 임대되었을 때 들어오는 최대한도의 수입을 말한다.

B) 임대손실

총수입 부분에서 함께 고려해야 하는 부분은 임대 손실이다. 임대 손실은 잠재 총 임대소득에서 잠재 실제 임대소득을 뺀 값이다.

임대 손실 = 잠재 총 임대소득 − 잠재 실제 임대소득

대부분의 투자자들이 이 부분에서 질문을 많이 한다. 왜 잠재 총 임대소득과 잠재 실제 임대소득에서 차이가 발생하는지 말이다. 답은 간단하다. 임대료를 인상하더라도 임대 계약을 맺고 있는 기존 임차인들에게는 임대 계약이 만료될 때까지 임대료를 인상할 수 없기 때문이다.

샘이 보유하고 있는 100유닛 아파트 건물을 예로 들어 본다. 샘은 시장 조사를 통해 동일한 시점에 가까운 지역 시장에서 자신의 아파트 연식과 크기가 비슷한 아파트 가운데 방 1개, 욕실 1개가 있는 유닛의 월 임대료가 20달러 인상되었다는 걸 알게 되었다. 샘은 곧 보유하고 있는 아파트의 방 1개, 욕실 1개가 있는 유닛의 임대료를 20달러 인상했다. 그러나 샘은 이미 임대 중

오늘부터 사야 할 부동산은 따로 있다

인 유닛의 경우에 한해서 기존 임차인들이 임대 계약을 갱신하기 전에는 임대료를 인상할 수 없었다.

1001호의 임차인은 월 800달러로 임대 중이었고, 임대 기간이 6개월 남아 있었다. 이 경우, 1001호에 대한 새 임대에 대해 월 임대료를 820달러로 인상한다면 해당 유닛은 잠재 총 임대소득 범주에 월 820달러로 반영되지만, 6개월 동안의 잠재 실제 임대소득 범주에서는 월 800달러로 반영된다. 따라서 1001호에 대한 연간 임대 손실은 120달러가 된다.

1001호의 임대 손실

호수	구조	크기	잠재 임대	실제 임대	임대 만기
1001호	방 1개, 욕실 1개	700SF 19.67 평방미터	$820	$800	6월

• 출처: Turnkey Global Realty

C) 임대할인

실질적인 임대 수입을 계산하기 위해서는 시장 임대료Market Rent와 실제 임대료Actual Rent의 차이를 알아야 한다. 임대 계약서에 명시된 임대료 또는 현재 시장에서 인정되는 임대료를 시장 임대료라고 하고, '한 달 무료 임대'와 같은 할인 혜택을 적용한 후 임대 기간 동안 매월 받는 임대료를 실제 임대료라고 한다. 임차인이 지불하는 평균 월 임대료인 실제 임대료의 이해를 돕기 위해 샘이 보유한 아파트의 1001호 유닛을 예로 들겠다.

샘은 공실이었던 1001호를 빨리 채우기 위해 임차인에게 한 달 치 임대료를 할인했다. 1001호의 임대 기간은 12개월이고 월 임대료가 월 800달러다. 이 경우 시장 임대료는 월 800달러이다. 월 800달러에 11개월(할인하지 않은 개월 수)을 곱하고 해당 금액을 12로 나누면 12개월의 임대 기간의 실제 임대료는 월 733달러가 된다.

D) 기타손실

임차인들이 지불해야 하는 금액에 대한 미지불 금액이다. 밀린 임대료, 파손된 부분의 수리 등 임차인이 방을 비운 후에 생기는 손실이라고 볼 수 있다. 새롭게 임대할 수 있는 상태로 복구하는 비용이 임대 보증금을 초과할 경우, 초과된 금액을 이사를 나간 임차인들이 지불하지 않은 경우의 손실을 기타 손실이라고

오늘부터 사야 할 부동산은 따로 있다

한다.

E) 임대공실

부동산 건물의 임대 공실에는 두 가지가 있다. 하나 이상의 유닛이 비어 있는 시간을 나타내는 '물리적 공실'과 공실로 인해 부동산 소유자가 손해 본 임대료를 나타내는 '경제적 공실'이 바로 그것이다. 투자자들이 부동산 투자에서 가장 혼란스러워하는 부분이 이 임대 공실인데, 물리적 공실률은 단독 주택일 경우에는 공실 기간을 임대 가능 기간으로 나누고 다세대 주택일 경우에는 공실 유닛 수를 총 유닛 수로 나눈 후 백분율화한 값이다. 공식은 다음과 같다.

물리적 공실률 = 공실 일수 / 임대 가능 일수 (단독 주택일 경우)
물리적 공실률 = 공실 유닛 수 / 총 유닛 수 (다세대 주택일 경우)

예를 들어 1001호 유닛이 365일 중 15일이 비어 있었다면 1001호의 물리적 공실률은 4%가 된다. (15 / 365 = 0.04 × 100)

경제적 공실률은 '시간'이 아닌 '돈'을 기준으로 공실을 계산한다. 경제적 공실은 총 임대 손실 금액을 잠재 총 임대 소득 금액으로 나눈 값을 백분율로 표시한 것이다.

경제적 공실률 = 총 손실 임대소득 / 잠재 총 임대소득

예를 들어 1001호의 경제적 공실률을 계산해 보자. 월 임대료는 800달러이고 공실로 비어 있었던 15일 동안은 임대료가 없었다.

총 손실 임대소득 = 400달러

잠재 총 임대소득 = 9600달러 (800달러 × 12개월)

경제적 공실률 = 400달러 / 9600달러 = 0.042 × 100 = 4.2%

1001호의 경제적 공실률 = 4.2%

경제적 공실은 부동산 소유자가 임대 부동산의 공실로 인해 손해 보는 임대료와 점유는 되어 있지만 기존 임차인으로부터 받지 못한 임대료, 임차인들이 교체될 때 발생하는 공실로 인해 임대료를 받지 못하는 모든 경우를 포함한다. 그리고 물리적으로는 점유되었지만 실질적으로 부동산을 관리하는 관리인이 사용하는 유닛은 경제적 공실이 된다.

오늘부터 사야 할 부동산은 따로 있다

경제적 공실은 주로 유지 관리가 늦어 불편함을 느끼는 기존 임차인들이 임대를 갱신하지 않고 이사를 나가는 경우, 임대 관리를 하는 직원이나 자산관리 회사의 업무 처리가 좋지 않은 경우, 그리고 시장보다 높은 임대료를 적용할 때 발생하는 경우가 많다. 물리적 공실의 가장 일반적인 원인은 잠재 임차인의 수요 부족, 시장 가격보다 높은 가격, 열악한 위치, 안전하지 않은 지역, 열악한 부동산 건물 상태와 편의 시설이다.

투자자들은 임대 부동산을 구입할 때 공실에 관한 실수를 자주 한다. 다시 말해 임차인들의 물리적 점유로 실제 점유를 계산한다는 것이다. 특히 임대 계약서에 쓰인 임대 기간과 임대료를 검토하고 임대 총수입을 따져보는 오류를 범하는 경우가 많다. 그러나 정말로 중요한 건 경제적 공실의 파악과 경제적 점유의 계산이다. 소중한 투자 자본의 보호를 위해 물리적 점유로 임대 수입을 계산하는 오류를 범해서는 안 될 것이다.

F) 유효 임대소득

잠재 총 임대소득에서 공실 및 임대료 미수를 차감한 수입을 말한다.

G) 기타 수입

임대용 부동산에서 수익을 창출할 때 흔히 놓칠 수 있는 기회가 바로 임대료 외 기타 수입이다. 임대 부동산과 관련해 기타 수입에 추가할 수 있는 부분은 적극적으로 활용해야 한다. 이해를 돕기 위해 샘이 보유하고 있는 아파트에서 기타 수입으로 활용한 목록을 나열해 보겠다.

환불 안 되는 애완동물 보증금: 1,000달러

애완동물 임대료: 월 50달러

세탁기 및 건조기 대여: 월 50달러

임대료 연체비: 월 기준 100달러

부도난 수표 수수료: 월 기준 100달러

추가 주차 공간: 월 기준 25달러

스토리지 공간 임대: 월 기준 25달러~50달러

임대차 계약 신청서: 1인 기준 25달러

임대 수입 외에도 우리가 소홀히 여길 수 있는 작은 부분에서 자산가치를 높일 수 있다. 그리고 이것은 또 다른 수입원이 된다. 자산에 숨겨진 또 다른 자산이 있음을 한 번쯤은 생각해

오늘부터 사야 할 부동산은 따로 있다

봐야 할 것이다.

② 총지출

자산관리의 '운영 비용'은 임대 관련 수입보다 통제가 쉽다. 다음 표는 샘이 소유한 100세대 유닛 아파트 재무제표의 임대 지출에 관한 것이다.

재무제표의 총지출 (단위: 달러)

총지출	2023년		2022년
H) 자산관리 수수료	24,000	−4%	25,000
I) 급여	85,000	6.5%	80,000
J) 행정관리 비용	21,000	5%	20,000
K) 광고 비용	12,500	4.17%	12,000
L) 세금 및 보험	80,000	9.59%	73,000
M) 유틸리티	35,000	16.7%	30,000
N) 수리 및 유지관리	42,000	20%	35,000
총 임대비용	**299,500**	**8.9%**	**275,000**

• 출처: Turnkey Global Realty

H) 자산관리 수수료

전문 자산관리 회사를 고용할 경우 그에 따른 자산관리 수수료를 지불해야 한다. 이는 부동산의 유형과 크기에 따라 다르게 측정되는데, 주로 임대 부동산에서 얻은 총소득을 기준으로 일정 비율이 적용된다. 자산관리 수수료는 단독 주택, 타운하우스, 콘도 등과 같은 거주용 부동산의 경우 임대료 기준 8%~12%, 상업용 부동산이나 세대수가 10채 이상인 거주용 다세대 부동산의 경우 4%~7%의 수수료가 책정된다. 더불어 정해진 고정 금액보다는 임대 부동산에서 창출한 총수입의 일정 비율로 정하는 것이 좋다.

I) 급여

급여는 주로 관리하는 임대용 부동산에 상주하며 일하는 임대 관리자, 유지 관리자에게 지불되는 비용이다. 부동산 자산을 잘 관리하려면 현지 상주 직원이 필요하다.

J) 행정관리비용

자산관리 운영을 위해 변호사·회계사에게 지불하는 전문 수수료, 비품·사무용품 등을 관리하는 데 드는 모든 비용을 말한다.

K) 광고비용

공실의 임대 점유율을 늘리기 위해 반드시 필요한 지출이다. 관리하는 부동산의 규모가 클수록 광고 비용도 더 많이 나간다. 광고 비용을 잘 조절하려면 임대를 위해 찾아오는 사람들이 어떤 경로를 통해 이곳에 찾아왔는지 알아야 한다. 나와 함께 일하는 자산관리팀은 별도의 '방문 카드'를 만들어 사람들의 정보와 함께 어떻게 찾아오게 되었는지 그 경로를 기입하게 한다. 우리가 진행한 광고 중에서 특정 광고를 보고 온 사람들이 많지 않을 경우 해당 광고를 중단하고 사람들을 더 많이 이끌어 주는 광고에 비용을 추가로 쏟는 것이다. 임대할 매물에 비해 임차인들의 수가 지나치게 많을 경우, 광고를 중단하여 지출을 줄이기도 한다.

L) 세금 및 보험

세금과 보험은 반드시 나가야 하는 지출 항목이며 통제할 수 없다. 보험은 대출 은행에서 필수로 요구하기도 하지만 자산 보호의 목적으로도 반드시 필요하다. 보험 비용의 절약을 위해 매년 같은 보험 회사의 상품을 갱신하지 말고, 일 년에 한 번씩 다른 보험사들의 상품과 비교하여 좀 더 나은 조건의 상품을 선택하는 것이 바람직하다.

M) 유틸리티

유틸리티의 비용은 각 주, 지역마다 조금씩 차이가 있으며 주로 전기, 가스, 수도, 쓰레기 처리 비용을 포함한다. 비용은 거의 항상 오르기 때문에 연 단위로 계산하는 게 좋다. 에너지 효율성이 좋은 시스템으로 바꾸는 것도 염두에 두어야 하며 무엇보다 유틸리티 비용은 시장 가격을 기준으로 세대별로 구분한 후 임차인으로 하여금 지불하게 해야 한다. 단독 주택, 타운하우스, 콘도와 같은 거주용 주택은 임차인들이 유틸리티 비용을 지불한다. 타운하우스나 콘도의 경우 주택소유자협회의 관리비에 수도세가 포함된 경우도 있다. 이때는 임차인들이 전기, 가스 비용만 지불한다.

N) 수리 및 유지 관리 비용

    수리 및 유지 관리 비용은 건물의 연식에 따라 비용이 다르게 측정된다. 연식이 오래된 건물일수록 당연히 수리 및 공사 비용이 더 많이 들 것이다. 이러한 비용은 주로 과거의 기록을 기준으로 측정하는데 매년 오르는 재료비나 인건비를 감안, 연간 2%~3% 정도 올려 예산을 잡는 게 좋다. 수리 및 유지 관리에 대한 중요성은 이미 앞에서도 설명했듯이 자산관리 회사는 이미 검증된 공사 업체와 좋은 가격으로 계약을 하는 경우가 많아 전문적인 서비스를 신속하게 제공받으면서 경쟁력 있는 가격을 유지할 수 있다. 수리 및 유지 관리 비용에 들어가는 항목은 다음과 같다.

카펫 청소
내부 페인트
전기 및 배관 수리
냉난방 검사 및 수리
가전제품 수리

조경

해충 구제 및 방지

수영장, 놀이터 등 관리

O) 순운영소득

순운영소득은 총수입에서 총지출을 뺀 금액이며 부동산 자산관리의 진정한 평가가 바로 이 순운영소득을 통해 결정된다. 자산의 가치를 올릴 수 있는 핵심 요인이기 때문이다. 부동산 투자에서 너무나 중요한 순운영소득에 대해서는 다음 장에서 구체적으로 다루겠다.

오늘부터 사야 할 부동산은 따로 있다

재무제표에 나타난 순운영소득

	2023년		2022년
			(단위: 달러)
총 수 입			
A) 잠재 총 임대 소득	984,000	2.5%	960,000
B) 임 대 손 실	40.000	−54%	88.000
C) 임 대 할 인	17,000	62%	10,500
D) 기 타 손 실	23,000	−11%	26,000
E) 임 대 공 실	74,000	13%	65,000
F) 유 효 임 대 소 득	830,000	7.7%	770,500
G) 기 타 수 입	55,000	139%	23,000
총 임 대 소 득	885,000	11.5%	793,500
총 지 출			
H) 자산관리 수수료	24,000	−4%	25,000
I) 급 여	85.000	6.5%	80.000
J) 행 정 관 리 비 용	21,000	5%	20,000
K) 광 고 비 용	12,500	4.17%	12,000
L) 세 금 및 보 험	80,000	9.59%	73,000
M) 유 틸 리 티	35,000	16.7%	30,000
N) 수 리 및 유 지 관 리	42,000	20%	35,000
총 임 대 비 용	299,500	8.9%	275,000
O) 순 운 영 소 득	585,500	8.9%	518,500

• 출처: Turnkey Global Realty

P) 자본비용

자본 비용은 앞에서 언급한 자본 개선을 위해 지출되는 비용이지만, 임대 부동산의 운영 비용에는 포함하지 않는다. 자본 비용은 부동산 건물에 물리적 가치를 추가하고, 최상의 상태로 바꿔 좀 더 살기 좋은 시설과 환경을 만드는 목적으로 사용된다. 자본 개선에는 제법 많은 비용이 들어가기 때문에 이를 충당하기 위해서는 별도의 은행 계좌를 만들어 매년 일정 비율의 금액을 떼서 비축해 놓는 것이 좋다. 그 후 자본 개선이 필요한 시기가 오면 저축해둔 자본 비용을 적재적소에 사용하면 된다. 자본 비용에 들어가는 항목은 다음과 같다.

지붕 교체
주차장 확장과 재포장
가전제품 교체
냉난방 시스템 교체

Q) 부채상환

부채 상환 역시 임대 부동산의 운영 비용에 포함하지 않는다.

부채 상환은 구매자의 신용, 소득, 자산, 이자율과 같은 부동산 운영의 '외부 요인'에 의해 결정되기 때문이다.

R) 현금흐름

현금흐름은 순운영소득에서 자본 비용과 부채 상환을 뺀 순수입, 즉 총 임대 수입에서 총 운영 비용 및 자본 비용, 부채 상환 모두를 지불하고 현금화할 수 있는 실제 금액이다. 부동산 자산관리는 이것을 얻기 위해 고군분투하며 장시간에 걸친 게임을 하는 것이라고 볼 수 있다.

재무제표 현금흐름

(단위: 달러)

재무제표 현금흐름	2023년		2022년
O) 순운영소득	589,500	8.9%	518,500
P) 자본 비용	24,000	167%	9,000
부채 상환 전 소득	565,500	11%	509,500
Q) 부채 상환	333,419	0%	333,419
R) 현금 흐름	232,081	31%	176,081

* 출처: Turnkey Global Realty

지금까지 부동산 자산관리에서 다루어지는 가장 중요한 재무제표의 총수입과 총지출에 관해 살펴보았다. 부동산 자산관리에서 재무제표는 가장 중요한 부분이지만 또 가장 따분한 부분이기도 하다. 그러나 재무제표를 제대로 이해하지 못한다면 부동산 투자에서 얻을 수 있는 '현금흐름'과 '자산가치 상승'의 원리를 폭넓게 이해할 수 없다. 명심하고, 또 명심하자.

자산관리를 통해
현금흐름을 극대화하라

부동산 자산관리에서 재무제표를 이해했다면 이제는 미국 부동산 투자에서 얻을 수 있는 현금흐름에 대해서 본격적으로 살펴보자. 다음의 표는 샘이 보유하고 있는 100세대 유닛 아파트 건물의 재무제표다.

전체 재무제표

	2023년		2022년
			(단위: 달러)
총 수입			
A) 잠재 총 임대 소득	984,000	2.5%	960,000
B) 임 대 손 실	40,000	-54%	88,000
C) 임 대 할 인	17,000	62%	10,500
D) 기 타 손 실	23,000	-11%	26,000
E) 임 대 공 실	74,000	13%	65,000
F) 유효 임대 소득	830,000	7.7%	770,500
G) 기 타 수 입	55,000	139%	23,000
총 임대 소득	885,000	11.5%	793,500
총 지출			
H) 자산관리 수수료	24,000	-4%	25,000
I) 급 여	85,000	6.5%	80,000
J) 행정 관리 비용	21,000	5%	20,000
K) 광 고 비 용	12,500	4.17%	12,000
L) 세 금 및 보 험	80,000	9.59%	73,000
M) 유 틸 리 티	35,000	16.7%	30,000
N) 수리 및 유지 관리	42,000	20%	35,000
총 임대 비용	299,500	8.9%	275,000
O) 순 운 영 소 득	589,500	8.9%	518,500
P) 자 본 비 용	24,000	167%	9,000
부 채 상 환 전 소 득	565,500	11%	509,500
Q) 부 채 상 환	333,419	0%	333,419
R) 현 금 흐 름	232,081	31%	176,081

• 출처: Turnkey Global Realty

2022년과 2023년의 재무제표를 비교해 보자. 먼저 총수입이다.

A) 잠재 총 임대소득

2022년 대비 2023년의 잠재 총 임대소득은 2.5% 증가했다. 시장 가격을 기준으로 임대료가 인상되었음을 알 수 있다.

B) 임대손실

2022년 대비 2023년의 임대 손실은 54% 감소했다. 샘은 임대료를 시장 가격으로 인상하여 새로운 임차인을 유치하고 기존 임차인들과는 시장 가격으로 임대료를 조정하여 임대차 계약을 재갱신했다.

C) 임대할인

2022년 대비 2023년의 임대 할인은 62% 증가했다. 샘은 시장 조사를 거쳐 새로운 임차인 유치를 위해 한 달 무료 임대와 같은 이벤트를 했다.

D) 기타손실

2022년 대비 2023년의 기타 손실은 11% 감소했다. 샘이 고용한 관리자와 자산관리 회사의 서비스 질이 향상되어 임차인들과의 소통 및 유지 관리가 신속하게 이루어졌다.

E) 임대공실

2022년 대비 2023년의 임대 공실은 13% 증가했다. 임대 할인과 턴오버(임차인들이 교체될 때 발생하는 공실)로 인해 임대 공실은 다소 증가했다.

F) 유효임대소득

2022년 대비 2023년의 유효 총소득은 7.7% 증가했다.

G) 기타수입

2022년 대비 2023년의 기타 소득은 139% 증가했다. 샘은 좀 더 양질의 임차인들을 유치하기 위해 공간을 활용하여 애완동물을 위한 작은 공원을 만들었다. 더불어 환불 불가능한 애완동물 보증금을 500달러에서 1,000달러로 인상했고 애완동물 임대료로 월 50달러를 추가했다. 부수적으로 세탁기와 건조기를 사들여 필요한 임차인들에게 임대, 월 50달러의 추가 소득을 만들었다.

이렇게 2023년의 총 임대소득은 2022년 대비 11.5% 증가했다. 이제 임대 운영 비용 면에서 살펴보자.

H) 자산관리 수수료

2022년 대비 2023년의 자산관리 수수료는 4% 감소했다.

I) 급여

2022년 대비 2023년의 급여는 6.25% 증가했다. 샘은 아파트에 상주하는 관리자의 급여를 인상했다. 더불어 자산관리를 위해 수고해 주는 상주 직원들의 급여를 매년 인상을 할 것이라고 했다.

J) 행정관리비용

2022년 대비 2023년의 행정 관리 비용은 5% 증가했다. 샘은 매년 일정한 비율로 비용이 나간다고 했다.

K) 광고비용

2022년 대비 2023년의 광고 비용은 4.17% 증가했다. 샘은 아파트 방문자들의 '방문 카드'를 기준으로 방문자들을 끌어들이는 광고 위주로만 꾸준하게 광고를 진행했다.

L) 세금 및 보험

2022년 대비 2023년의 세금과 보험료는 9.59% 증가했다. 샘은 매년 몇 개의 보험 회사들의 가격을 비교하여, 기존의 것보다 좋은 보험 상품이 있다면 이를 적극적으로 활용했다.

M) 유틸리티비용

2022년 대비 2023년의 유틸리티 비용은 16.7% 증가했다. 샘

오늘부터 사야 할 부동산은 따로 있다

은 유틸리티의 낭비를 줄이기 위해 공동 장소에 타이머를 설치했고, 추후 에너지 효율을 극대화하는 시스템을 설치할 예정이라고 했다.

N) 수리 및 유지 관리 비용

2022년 대비 2023년의 수리 및 유지 관리 비용은 20% 증가했다. 샘은 신속한 서비스를 제공하여 기존 임차인들이 이사를 나가지 않고 임대차 계약을 갱신할 수 있도록 유도했다.

O) 순운영소득

2022년 대비 2023년의 순운영소득은 13% 증가했다. 샘의 목표치인 10%를 넘어선 증가율이었다.

P) 자본비용

2022년 대비 2023년의 자본 비용은 167%로 크게 증가했다. 샘 소유의 아파트가 위치한 곳은 젊은 직장인들이 많은 곳으로 좀 더 양질의 임차인을 유치하기 위해서는 자본 개선을 할 필요가 있었다.

Q) 부채상환

샘은 고정 이자로 대출을 받았기 때문에 연간 부채 상환금은 동일하다.

재무제표의 부채 상환

(단위: 달러)

	2023년		2022년
O) 순운영소득	589,500	8.9%	518,500
P) 자본 비용	24,000	167%	9,000
부채 상환 전 소득	565,500	11%	509,500
Q) 부채 상환	333,419	0%	333,419
R) 현금 흐름	232,081	31%	176,081

고정 이자로 부채상환액 동일

* 출처: Turnkey Global Realty

R) 현금흐름

2022년 대비 2023년의 현금흐름은 31% 증가했다. 샘은 슬기로운 자산관리를 통해 일 년 만에 5만 6,000달러의 현금흐름을 증가시켰다. 샘의 아파트와 유사한 건물이 최근 거래가 되었는데 자본환원율이 6%였다. 샘 소유 아파트의 재무제표를 기준으로 아파트 건물의 가치를 계산해 보자.

부동산 가치 = 순운영소득 / 자본환원율

2022년 샘이 보유한 아파트 건물의 가치는 864만 1,667달러 (51만 8,500달러/6%)였고 2023년에는 그 가치가 982만 5,000달러(58만 9,500달러/6%)가 되었다. 1년 동안 118만 3,333달러의 부동산 가치가 상승한 것이다. 자산관리가 미국 부동산 투자에서 왜 중요한지를 극명하게 보여주는 대목이다. 샘은 슬기로운 자산관리를 통해 1년 동안 5만 6000달러(약 7,600만 원)의 수동소득을 벌었고, 보너스로 118만 3,333달러(약 16억 원)의 자산가치가 증가했다.

미국 부동산 투자의 매력은 단연 현금흐름에 있다. 현금흐름은 자산관리의 올바른 공식을 적용시킬 때 극대화된다. 다음의 표를 살펴보자.

현금흐름

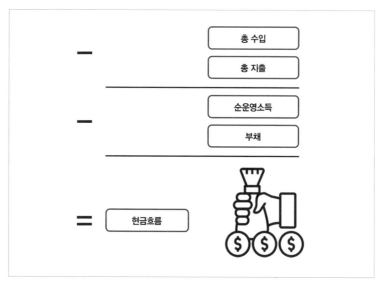

총 수입

총 지출

순운영소득

부채

현금흐름

* 출처: Turnkey Global Realty

샘이 보유한 아파트의 재무제표를 통해 알 수 있듯이 현금흐름을 극대화하기 위해서는 총수입을 어떻게 증가시킬 것인지, 또 총지출을 어떻게 줄일 것인지 알아야 한다. 총수입에서 총지출을 뺀 것이 순운영소득이다. 순운영소득은 수익형 임대 부동산의 가치를 평가할 때와 은행에서 대출을 받을 때 매우 중요하게 활용된다. 임대 부동산의 가치 평가, 은행의 상업용 부동산 대출 심사 시 기준으로 삼는 것이 바로 순운영소득이기 때문이다.

부동산 가치 = 순운영소득 / 자본환원율

부채상환액 = 순운영소득 / 부채상환비율

현금흐름을 극대화하기 위해서는 반드시 고정 금리로 대출을 받아야 금리가 인상되더라도 좋은 현금흐름을 유지할 수 있다. 그리고 금리가 낮을 때 재융자를 통해 대출 상환금을 낮추면 현금흐름을 증가시킬 수 있다. 미국 부동산 투자에서 현금흐름의 극대화는 이만큼 중요하며, 이를 성공으로 이끌 자산관리의 성공 공식을 다음과 같이 정리해 본다.

자산관리의 4가지 성공 공식

☑ 공식①

기존 임차인들의 점유율이 가장 중요하며, 그들을 위한 서비스 역시 최우선으로 한다.

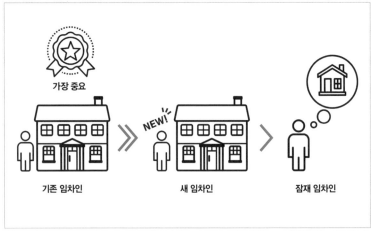

가장 중요

기존 임차인   NEW!   새 임차인   잠재 임차인

* 출차: Turnkey Global Realty

다시 한 번 말하지만 자산관리의 미션은 현금흐름을 극대화 시키는 것이다. 현금흐름을 극대화하려면 총 임대 수입을 끌어 올려야 하고, 임대 수입을 끌어 올리려면 공실을 최소화시켜야 한다. 바로 여기에 답이 있다.

임차인은 크게 기존 임차인, 새 임차인, 잠재 임차인으로 구 분할 수 있다.

세 타입의 임차인

기존 임차인　　　　새 임차인　　　　잠재 임차인

　　많은 임대인들이 공실을 채운다는 이유로 기존 임차인을 배제한 채 잠재 임차인을 끌어오기 위해 부단히 노력한다. 그러나 이것은 명백한 실수다. 적은 마케팅 비용으로 공실을 최소화하려면 기존 임차인들이 더 오래 거주할 수 있게 임대 재계약을 유도하는 편이 훨씬 낫기 때문이다. 그 후 새롭게 입주하는 임차인들에게 신속하고 전문적인 서비스를 제공하여 오래 거주할 수 있도록 노력하는 것이 공실을 줄이고 '경제적 점유율'을 늘리는 가장 효과적인 방법이다.

　　반면 잠재 임차인을 끌어 오기 위해서는 많은 마케팅 비용과 시간이 소비되며, 이로 인해 공실의 기간이 더 오랫동안 지속된다. 즉, 잠재 임차인을 끌어오기 위해 소비하는 돈과 시간은 경제적 공실에 오히려 더 많은 지장을 주게 된다는 것이다. 따라서 현금흐름을 극대화하기 위해서는 기존 임차인들의 점유율을 고려하지 않을 수 없다. 기존 임차인들을 위한 서비스를 최우선으로 여겨야 하는 까닭이다.

기존 임차인 유지의 효과

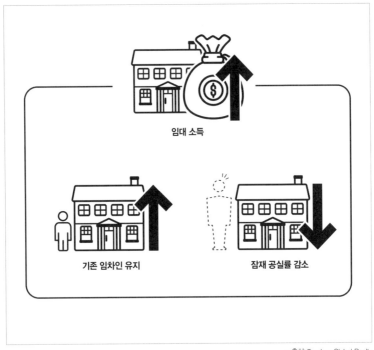

임대 소득

기존 임차인 유지

잠재 공실률 감소

* 출처: Turnkey Global Realty

오늘부터 사야 할 부동산은 따로 있다

☑ 공식②

임대 수입 차원의 유효 임대소득이 가장 중요하다. 기존 임차인이 이사 나가는 확률을 줄이면 잠재 공실률을 줄일 수 있다.

총수입에는 유효 임대소득과 기타 소득이 있다. 현금흐름을 극대화하기 위해서는 기타 소득보다는 유효 임대소득을 더 중요시해야 한다. 유효 임대소득을 끌어 올리기 위해서는 신속한 소통과 유지 관리 서비스를 기존 임차인들에게 제공하여 그들의 거주 만족도를 높여야 한다.

임대 소득 vs 기타 소득

* 출처: Turnkey Global Realty

공실을 최소화하기 위해서는 기존 임차인이 임대 재계약을 할 수 있도록 미리 소통하는 게 중요하다. 가령, 기존 임차인의 임대 계약 만료일이 60일 정도 남았을 무렵에 먼저 임차인에게 연락하여 방문 예약을 한다. 방문하는 날 집 상태를 점검하고 필요한 부분은 먼저 수리해 주면서 시장 임대 가격과 비교하여 좀 더 나은 조건으로 재계약을 유도하는 게 좋다. 다시 말하면, 기존 임차인으로부터 60일 사전 퇴거 통지를 받기 전, 또는 받았다 하더라도 임대 재계약으로 상황을 유도해 나가는 것이 좋다.

총수입 증가를 위한 공식

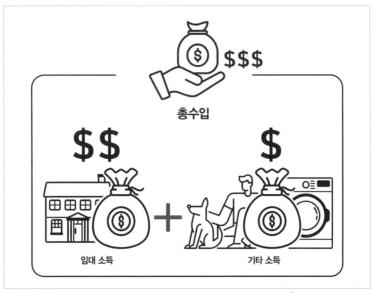

＊출처: Turnkey Global Realty

☑ 공식③

총수입을 올리기 위해서는 기타 소득을 끌어올리는 것이 중요하며, 유효 임대소득 외 기타 소득을 올리는 방법을 기획하고 연구해야 한다.

기타 소득을 올리는 방법은 투자자가 소유한 임대 부동산의 유형과 전체적인 구조에 따라 다양하다. 앞에서 설명한 샘의 경우, 그가 소유한 아파트 단지의 작은 공터를 애완동물 공원으로 만들어 애완동물을 키우는 임차인들이 좀 더 편리하게 지낼 수 있는 환경을 제공하였다. 공간 활용을 통해 환불이 불가한 보증금으로 1,000달러의 추가 소득을 올렸고, 애완동물을 키우는 임차인들의 유닛에서 애완동물 임대료로 유닛당 월 50달러의 고정적인 추가 소득을 얻고 있다. 더불어 세탁기와 건조기를 필요에 따라 임차인들에게 임대하면서 유닛당 월 50달러의 고정적인 추가 소득을 얻고 있다.

이처럼 기타 소득을 최대한 끌어 올리는 것은 투자자의 아이디어에 의해 얼마든지 가능하다. 복층 아파트의 경우 전망 좋은 곳에 위치한 유닛의 임대료에 프리미엄을 더할 수 있을 것이고, 추가 주차 공간에 대해 요금을 더할 수도 있을 것이다. 이 외에도 별도의 스토리지 이용료, 클럽하우스 이용료, 오피스 시스템 이용료, 월간 단위 임대에 대한 추가 요금 등으로 기타 소득을 최대한 끌어올릴 수 있을 것이다.

기타 소득

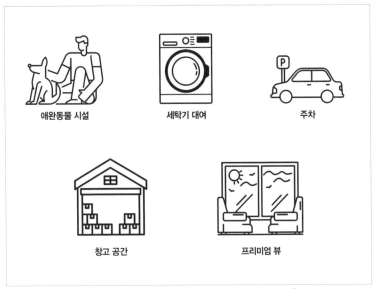

* 출처: Turnkey Global Realty

　　　　　　　　　　오늘부터 사야 할 부동산은 따로 있다

☑ 공식 ④

자산관리의 6가지 원칙을 반드시 적용하고 수행해야 한다.

자산관리 원칙 수행

• 출처: Turnkey Global Realty

5장을 마무리하기 전 슬기로운 자산관리를 위한 '6가지 원칙'에 대해 한 번 더 정리하고자 한다. 현금흐름을 극대화하기 위해서는 '재무제표에서 수입을 올리고', '공실을 줄이고', '지출을 줄여야' 한다. 그러기 위해서는 다음의 원칙이 수행되어야 한다.

첫째, 임대소득을 끌어 올리기 위한 가장 쉬운 방법은 기존 임차인의 점유율을 높이는 것이다.

점유율을 높이려면 임차인과의 소통이 잘 이루어져야 한다. 임차인과의 소통이 잘 이루어질수록 마케팅 비용 또한 절감할 수 있다. '전문 운영의 원칙', '소통의 원칙'을 잘 수행하자는 것이다. 이렇게 되면 재무제표에서 임대 수입을 올리고 비용도 줄일 수 있어 현금흐름이 자연스레 증가한다.

둘째, 임대 수입을 끌어 올리기 위해서는 공실을 줄여야 한다.

공실을 최소화하기 위해서는 양질의 세입자를 구해야 하며, 턴오버 기간을 최대한 단축하여 경제적 공실률을 낮춰야 한다. 그러기 위해서는 반드시 임대차 계약을 하기 전 임차인의 크레딧 조사와 백그라운드 조사를 통해 잠재적 공실을 미리 예방하는 것이 좋다. '최소 공실의 원칙', '사전 방지의 원칙'을 잘 수행하면 재무제표에서 공실을 줄일 수 있어 현금흐름이 증가한다.

셋째, 임대 수입을 끌어올리고 공실을 최소화하기 위해서는 '유지 관리'를 철저히 해야 한다.

유지 관리를 잘하기 위해서는 임차인의 수리 요청에 신속하게 응답하는 것이 가장 중요하다. 임차인의 수리 요청에 신속하게 응답하는 것만으로도 불필요한 임차인과의 소통을 줄일 수 있다. 더불어 유지 관리 비용을 줄이기 위해서는 검증된 공사 업체와 경쟁력 있는 가격으로 계약을 체결하고 좋은 비즈니스 관계를 유지해야 한다. '유지 관리의 원칙', '비용 통제의 원칙'을 잘 수행하면 재무제표에서 임대 수입을 올리고 공실을 줄일 수 있어 현금흐름이 증가한다.

자산관리의 6가지 원칙을 수행하는 모습

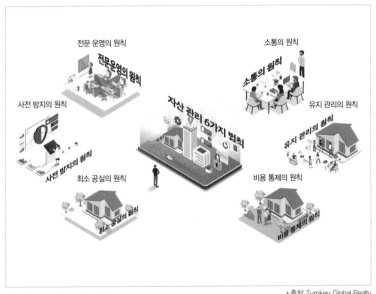

미국 부동산의 '부의 원리'는 현금흐름을 극대화하여 자산의 가치를 끌어올리는 것이며, 현금흐름을 극대화할 수 있는 유일한 방법은 바로 전문적인 업체를 통해 자산관리를 받는 것이다. 이것이 바로 미국 부동산이 가진 '부의 비밀'이다. 그리고 자산관리의 성적은 재무제표를 통해 나타난다. 좋은 자산가치 평가를 받기 위한 '재무제표'는 자산관리의 6가지 원칙을 수행하는 데서 비롯된다.

부동산은 '사업'이다. 사업을 잘 운영하려면 당연하게도 '경영'을 잘해야 한다. 사업 운영을 위해 대출을 받았다면 대출금을 갚아 나갈 것이고 사업 확장을 위해 사업 운영비를 비축한 후 결과적으로 사업 순이익$_{Net\ Profit}$을 남길 것이다. 사업 경영에서 중요한 것은 사업 이익$_{Profit}$이며, 수입$_{Revenue}$을 올리고 지출$_{Expenses}$을 줄여 사업 이익을 최대화할 때 성공에 가까워질 수 있다.

부동산 자산관리는 회사를 경영하는 '경영인'의 마음으로 해야 한다. 그래야만 임대 수입을 늘리면서 공실과 지출을 줄이고 순운영소득을 최대화할 수 있기 때문이다. 대출을 받아 부동산을 구입했다면 월 대출 상환금을 갚고, 부동산의 자본 개선을 위한 '자본 개선 비용'을 비축한 후 순이익인 현금흐름을 얻으면 된다.

회사에 경영 원칙이 있듯 자산관리에도 원칙이 있다. 사업의 경영을 평가할 수 있는 사업 재무제표처럼 자산관리에도 6가지 원칙을 통해 자산관리를 평가할 수 있는 자산관리 재무제표가 있다. 사업의 재무제표로 회사의 가치를 평가하듯 부동산의 재무제표로 부동산 가치를 평가한다.

자산관리 원칙 총정리

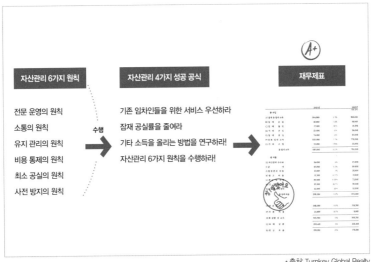

＊출처: Turnkey Global Realty

오늘부터 사야 할 부동산은 따로 있다

CHAPTER 6

미국 부동산으로 어떻게 부자가 될 수 있을까?

미국 부동산 부자들의 성공 공식

미국 부동산 부자들은 어떻게 부동산을 관리할까?

현금흐름을 극대화하여 자산의 가치를 끌어올리는 것이 부의 원리임을 이제 모두 알았을 것이다. 이 중요한 '현금흐름'을 극대화하기 위해서는 전문적인 자산관리를 통해서 가능하며, 전문적인 자산관리를 위해서는 자산관리의 '4가지 공식'을 적용한 '6가지 원칙'을 수행하는 것도 잊어서는 안 되겠다.

그리하여 얻은 결실이 바로 자산관리의 재무제표인데, 순운영소득과 현금흐름을 빼놓고는 재무제표를 논할 수 없다. 미국 부동산 부자들의 '부의 관리'에 대한 답이 바로 이 재무제표에서 드러나기 때문이다. 그렇다면 미국 부동산 부자들은 과연 어떻게 부동산을 관리할까?

미국 부동산 부자들은 부동산 투자를 시작하기 전 반드시 투자하려는 지역의 부동산 전문 자산관리 회사를 선임한다. 내가 만난 부자들은 시간이 부족한 경우가 대부분이다. 투자할 자금은 있으나 좋은 부동산을 찾고 관리하는 데 들일 수 있는 '시간이 없다는 것이다. 여러 번 언급했지만, 자산관리에는 생각보다 많은 시간과 노력을 쏟아부어야 한다. 너무 바빠서 자산관리를 올바르게 할 수 없다면 전문 자산관리 회사의 서비스를 통해 시간을 절약하고, 자산의 가치 또한 보호하는 것이 바람직하다.

자산관리의 '전문 운영의 원칙'을 통해서도 알 수 있듯 부동산 시장은 지역마다 상황과 형편이 다르며 그에 따른 임대료 측정과 징수, 새로운 임차인을 구하는 마케팅 방법에도 큰 차이를 보인다. 각 지역의 기후와 날씨도 관리 형태의 변모에 한몫한다. 해당 지역의 부동산 전문 자산관리 회사를 먼저 선임하면 투자자가 놓칠 수 있는 여러 문제에 대한 대비를 철저하게 할 수 있다.

특히 규모가 큰 임대용 부동산의 경우 상업용 융자를 대출해

오늘부터 사야 할 부동산은 따로 있다

주는 은행에서 자산관리 회사가 해당 자산을 관리할 것을 요구하는 경우도 있다. 그 지역의 전문 자산관리 회사라면 지역 시장에 대한 이해도가 높을 것이고 그에 따른 신속한 대처를 할 수 있다고 판단, 대출에 대한 여러 리스크를 줄일 수 있다고 여기기 때문이다.

미국 부동산 부자들은 주로 유한책임회사Limited Liability Company를 설립하여 그들이 소유하고 있는 자산을 최대한 보호하고, 자산에 대한 책임을 제한하여 리스크를 최소화한다. 내가 만난 부동산 부자들도 대부분 유한책임회사를 설립 후 여러 개의 투자용 부동산을 관리하고 있다. 그들이 유한책임회사를 설립하여 부동산 투자를 하는 가장 일반적인 이유는 개인 책임에 대한 제한과 개인 재산의 보호에 있다.

다른 투자와 마찬가지로 부동산 투자에도 리스크가 있다. 부동산을 장기간 보유할 때 발생하는 사고(소송), 임차인과의 법적 분쟁 등이 그것이다. 유한책임회사는 은행에서 대출을 받을 때 발생할 수 있는 대출 상환금에 대한 책임에 있어서도 개인 자산을 보호할 수 있다. 그뿐만 아니라 유한책임회사 설립은 이중과세가 아니므로 임대 소득에 대해 좀 더 합리적인 소득세를 납부할 수

있다. 더불어 적격사업소득Qualified Business
Income 공제의 혜택도 있다.

☑ **적격사업소득**
일정한 요건을 충족하는 사업
소득. 이를 통해 소유한 사업이
나 특정 사업 형태로부터 세액
공제 및 혜택을 받을 수 있다.

2017년의 세금 감면 및 고용법(Tax
Cuts and Jobs Act of 2017)을 통해 부동
산 투자자, 소기업 소유자 및 자영업 전문가를 위한 유용한 세
금 공제가 만들어졌다. 이 공제는 '적격사업소득공제' 또는 '통과
세금공제'로 알려져 있으며, 적격사업소득에 따라 적격 당사자는
적격임대소득과 같이 개인, 파트너십, S-corporation 및 유한책임
회사와 같은 통과 사업체로부터 받는 소득에 대해 최대 20% 공
제를 받을 수 있다. 이러한 통과 사업체로부터 받는 부동산 임대
소득은 국세청에 의해 수동소득으로 분류되어 추가 세금 혜택
및 공제를 받을 자격이 주어진다. (이 부분은 2022년에 집필한 《미국 부
동산이 답이다》에 상세히 기록되어 있으니 관심이 있는 분은 찾아 읽어 보길 바
란다)

부동산 부자들은 보험 약정을 면밀하게 살피고 리스크를 줄
이면서, 자산에 대한 최대한의 보호를 받길 원한다. 임차인에게
도 세입자 보험 가입을 권하고 더불어 임대차 계약서에도 명시해
문서화한다. 내가 만난 대부분의 미국 부동산 부자들은 '있을 수

오늘부터 사야 할 부동산은 따로 있다

있는 모든 리스크'를 최소화하기 위해 늘 최선을 다한다. 가령 홍수, 화재 등의 자연재해로부터 자산을 보호함은 물론 부동산 건물에서 일어날 수 있는 각종 사건이나 사고, 그로 인한 소송에 대해서도 철두철미하게 준비를 한다.

미국 부동산 부자들은 현금흐름 증가와 자산가치 상승을 위해 순운영소득을 최대로 끌어 올린다. 부동산 자산관리를 통해 얻을 수 있는 '수동소득'을 중요하게 여기기 때문이다. 궁극적으로는 자산의 가치를 올려 순자산$_{Equity}$을 증식시키고 부채를 유연하게 활용하여, 또 다른 수동소득을 얻을 수 있는 자산에 투자한다. 그러기 위해서는 순운영소득의 상승이 필수다.

(이쯤에서 다시 샘을 소환한다)

샘은 각 유닛당 크기가 같은 방 1개, 욕실 1개가 있는 100세대 유닛의 아파트를 소유하고 있다. 순운영소득의 중요성을 이해하기 위해 앞에서 다룬 샘의 재무제표를 다시 예로 들어 설명하겠다.

샘의 재무제표 요약

	2023년		2022년
			(단위: 달러)
총 수 입			
A) 잠재 총 임대 소득	984,000	2.5%	960,000
B) 임 대 손 실	40.000	-54%	88.000
C) 임 대 할 인	17,000	62%	10,500
D) 기 타 손 실	23,000	-11%	26,000
E) 임 대 공 실	74,000	13%	65,000
F) 유효 임대 소득	830,000	7.7%	770,500
G) 기 타 수 입	55,000	139%	23,000
총 임대 소득	885,000	11.5%	793,500
총 지 출			
H) 자산관리 수수료	24,000	-4%	25,000
I) 급 여	85.000	6.5%	80.000
J) 행정관리 비용	21,000	5%	20,000
K) 광 고 비 용	12,500	4.17%	12,000
L) 세 금 및 보 험	80,000	9.59%	73,000
M) 유 틸 리 티	35,000	16.7%	30,000
N) 수리 및 유지 관리	42,000	20%	35,000
총 임대 비용	299,500	8.9%	275,000
O) 순 운 영 소 득	589,500	8.9%	518,500
P) 자 본 비 용	24,000	167%	9,000
부채 상환 전 소득	565,500	11%	509,500
Q) 부 채 상 환	333,419	0%	333,419
R) 현 금 흐 름	232,081	31%	176,081

• 출처: Turnkey Global Realty

오늘부터 사야 할 부동산은 따로 있다

현재 시장 임대료는 한 유닛당 820달러고, 실제 임대료는 한 유닛당 800달러다. 잠재 총 임대소득을 계산해 보면 이렇다.

- 물리적 점유를 기준으로 한 임대 수익: 98만 4,000달러

  (820달러 × 12개월 × 100유닛)

- 경제적 점유를 기준으로 한 임대 수익: 96만 달러

  (800달러 × 12개월 × 100유닛)

- 임대 손실: 2만 4,000달러 (98만 4,000달러 − 96만 달러)

- 총 운영 비용: 30만 달러

물리적 점유 vs 경제적 점유 (단위: 달러)

	시장 임대료 820 실제 임대료 800
물리적 점유 기준 임대소득	984,000 (820 × 12개월 × 100유닛)
경제적 점유 기준 임대소득	960,000 (800 × 12개월 × 100유닛)
임대 손실	24,000 (984,000−960,000)
총 운영 비용	300,000

• 출처: Turnkey Global Realty

총 임대 수익을 계산할 때는 실제 임대료와 경제적 점유율을 기준으로 계산해야 한다.

ⓐ 여기서 경제적 점유율이 90%일 때 순운영소득을 계산해 보자.

총 실제 임대소득은 86만 4,000달러(96만 달러 × 0.9)이며, 여기서 총 운영 비용인 30만 달러를 빼면 순운영소득은 56만 4,000달러가 된다.

경제적 점유 기준 순운영소득 (단위: 달러)

ⓐ 경제적 점유율 90%
총 실제 임대소득 864,000(960,000×0.9) − **총 운영비용**(300,000)
순운영소득 564,000

* 출처: Turnkey Global Realty

ⓑ 경제적 점유율이 95%일 때 순운영소득을 계산해 보자.

총 실제 임대소득은 91만 2,000달러(96만 달러 × 0.95)이며, 여기서 총 운영 비용인 30만 달러를 빼면 순운영소득은 61만

오늘부터 사야 할 부동산은 따로 있다

2,000달러가 된다.

경제적 점유 기준 순운영소득   (단위: 달러)

ⓑ 경제적 점유율 95%
총 실제 임대소득 912,000(960,000×0.95) − 총 운영비용(300,000)
순운영소득 612,000

• 출처: Turnkey Global Realty

ⓒ 경제적 점유율이 95%고, 기타 수익으로 한 유닛당 100달러씩을 추가한 경우의 순운영소득을 계산해 보자.

경제적 점유 기준 순운영소득   (단위: 달러)

ⓒ 경제적 점유율 95%+기타 수익(유닛당 100달러)
실제 임대소득 912,000(960,000×0.95) + 연간 기타 수익 120,000(100×12×100)
총 실제 임대소득 1,032,000
총 실제 임대소득 1,032,000 − 총 운영비용 350,000(+ 50,000 운영 비용)
순운영소득 682,000

• 출처: Turnkey Global Realty

이 경우, 연간 기타 수익으로 12만 달러(100달러 × 12개월 × 100)를 더 얻게 된다. 총 운영 비용은 5만 달러가 추가되어 35만 달러가 되었다. 총 실제 임대소득은 1,032만 2,000달러 (91만 2,000달러(96만 달러 × 0.95)+12만 달러)다. 여기서 총 운영 비용인 35만 달러를 빼면 순운영소득은 68만 2,000달러가 된다.

그럼 여기서 자본환원율이 6%일 때 샘이 보유하고 있는 아파트의 가치를 계산해 보자.

부동산 가치=순운영소득 / 자본환원율

ⓐ의 경우 아파트 가치가 940만 달러(56만 4,000달러 / 6%)가 된다.
ⓑ의 경우 아파트 가치가 1,020만 달러(61만 2,000달러 / 6%)가 된다.
ⓒ의 경우 아파트 가치가 1,136만 달러(68만 2,000달러 / 6%)가 된다.

위에서 살펴본 대로 ⓐ에서 경제적 점유율을 5% 올렸을 때 샘의 아파트 가치는 ⓑ처럼 (1,020만 달러) 자산의 가치가 무려 80만 달러 상승했다. 그리고 ⓐ에서 경제적 점유율을 5% 올리고 기타 수익으로 각 유닛당 100달러씩 추가해 연간 기타 수익으로 12만 달러를 얻었을 때, 샘의 아파트 가치는 ⓒ처럼(1,136달러) 무

오늘부터 사야 할 부동산은 따로 있다

려 196만 달러가 상승했다.

경제적 점유 기준 자산가치 상승
(단위: 달러)

경제적 점유율	순운영소득/자본환원율	부동산 가치
ⓐ 경제적 점유율 90%	564,000/6%	9,400,000 +800,000
ⓑ 경제적 점유율 95%	612,000/6%	10,200,000 +1,960,000
ⓒ 경제적 점유율 95%+기타 수익(유닛당 100달러)	682,000/6%	11,360,000

* 출차: Turnkey Global Realty

이 얼마나 놀라운 결과인가? 순운영소득이 증가했을 때, 자산의 가치는 눈에 띄게 증가했다. 그럼 이제는 샘이 얻을 수 있는 현금흐름을 알아보도록 하자. 샘이 아파트를 구입했을 때 은행에서 대출한 금액은 595만 달러(25년 고정 대출)였고, 연간 대출 상환액으로 요구되는 금액은 대략 33만 3,000달러였다.

ⓐ의 경우 현금흐름은 23만 1,000달러다.

자산가치: 940만 달러

부채: 595만 달러

순자산: 345만 달러(940만 달러-595만 달러)

총 임대소득: 86만 4,000달러

총 운영 비용: 30만 달러

순운영소득: 56만 4,000달러

부채 상환액: 33만 3,000달러

현금흐름: 23만 1,000달러(56만 4,000달러-33만 3,000달러)

ⓑ의 경우 현금흐름이 27만 9,000달러다.

자산가치: 1,020만 달러

부채: 595만 달러

순자산: 425만 달러(1,020만 달러-595만 달러)

총 임대소득: 91만 2,000달러

총 운영 비용: 30만 달러

순운영소득: 61만 2,000달러

부채 상환액: 33만 3,000달러

현금흐름: 27만 9,000달러(61만 2,000달러-33만 3,000달러)

오늘부터 사야 할 부동산은 따로 있다

©의 경우 현금흐름이 34만 9,000달러다.

자산가치: 1,136만 달러

부채: 595만 달러

순자산: 541만 달러(1,136만 달러−595만 달러)

총 임대소득: 1,032만 2,000달러

총 운영 비용: 35만 달러

순운영소득: 68만 2,000달러

부채 상환액: 33만 3,000달러

현금흐름: 34만 9,000달러(68만 2,000 달러−33만 3,000 달러)

ⓐ, ⓑ, ©의 현금흐름 요약

(단위: 달러)

	ⓐ 경제적 점유율 90%	ⓑ 경제적 점유율 95%	© 경제적 점유율 95% +기타 수익
자산가치	9,400,000	10,200,000	11,360,000
부채	5,950,000	5,950,000	5,950,000
순자산	3,450,000	4,250,000	5,410,000
총 임대소득	864,000	912,000	10,322,000
총 운용비용	300,000	300,000	350,000
순운영소득	564,000	612,000	682,000
부채 상환액	333,000	333,000	333,000
현금흐름	231,000	279,000	349,000

• 출처: Turnkey Global Realty

위에서 살펴본 대로 ⓐ에서 경제적 점유율을 5% 올렸을 때 샘의 순자산은 ⓑ처럼(425만 달러) 무려 80만 달러가 상승했다. 그리고 ⓐ에서 경제적 점유율을 5% 올리고 기타 수익으로 각 유닛당 100달러씩 추가해 연간 기타 수익으로 12만 달러를 얻었을 때 샘의 순자산은 ⓒ처럼(541만 달러) 무려 196만 달러 상승했다.

ⓐ, ⓑ, ⓒ의 순자산 요약 (단위: 달러)

	ⓐ 경제적 점유율 90%	ⓑ 경제적 점유율 95%	ⓒ 경제적 점유율 95% +기타 수익
자산가치	9,400,000	10,200,000	11,360,000
부채	5,950,000	5,950,000	5,950,000
순자산	3,450,000	4,250,000	5,410,000
+800,000		+1,960,000	

• 출처: Turnkey Global Realty

현금흐름은 어떠한가?

위에서 살펴본 대로 ⓐ에서 경제적 점유율을 5% 올렸을 때 샘의 현금흐름은 ⓑ처럼(27만 9,000달러) 4만 8,000달러가 상승했다. 그리고 ⓐ에서 경제적 점유율을 5% 올리고 기타 수익으로 각 유닛당 100달러씩 추가해 연간 기타 수익으로 12만 달러를

오늘부터 사야 할 부동산은 따로 있다

얻었을 때 샘의 현금흐름은 ⓒ처럼(34만 9,000달러) 11만 8,000달러
가 증가했다. 현금흐름은 일반적으로 시간이 지날수록 증가한다.
이것이 미국 부동산 투자에서 얻는 현금흐름의 매력이다.

ⓐ, ⓑ, ⓒ의 현금흐름 요약 (단위: 달러)

	ⓐ 경제적 점유율 90%	ⓑ 경제적 점유율 95%	ⓒ 경제적 점유율 95% +기타 수익
순운영소득	564,000	612,000	682,000
부채 상환액	333,000	333,000	333,000
현금흐름	231,000	279,000	349,000
+48,000		+118,000	

• 출처: Turnkey Global Realty

위에서 설명했듯이 순운영소득을 증가시켰을 때 자산의 가치
가 상승했으며, 더불어 순자산과 현금흐름이 증가했다. 순운영소
득은 은행에서 대출 금액을 산정할 때 사용된다. 이는 미국 부
동산 부자들의 출구 전략인 현금인출재융자를 활용하는 데 매
우 중요한 기준이 된다. 미국 부동산 부자들이 자산관리를 할
때 순운영소득을 끌어 올리는 데 최선을 다하는 가장 큰 이유이
기도 하다.

순운영소득 증가의 기능

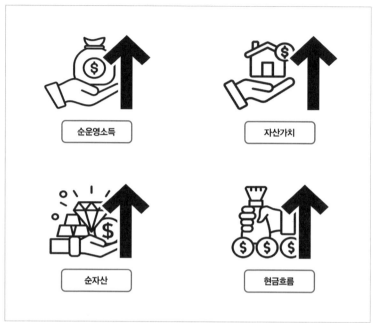

순운영소득 기능 정리

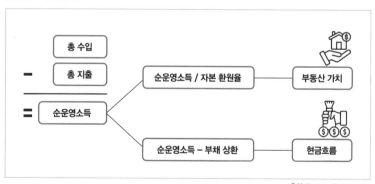

오늘부터 사야 할 부동산은 따로 있다

미국 부동산 부자들의
'성공의 키'

부자가 되기 위해서는 다음의 두 가지만 알면 된다.

하나, 어떻게 자산을 증식할 것인가?
둘, 증식된 자산을 어떻게 지킬 것인가?

나는 오랫동안 많은 투자자와 부동산 부자들을 만나 왔으며, 그들에게 공통점이 있다는 사실을 알게 되었다. '하나의 부동산만 소유하고 있는 게 아니라 여러 개의 부동산을 소유하고 있다는 것'이다. 그들은 매우 검소하고 겸손했으며 얼핏 보기에는 부자처럼 느껴지지 않았다. 그들은 여러 개의 부동산을 오랜 기간

소유하고 있었고, 소유한 부동산으로부터 지속적인 수동소득을 창출하고 있었다. 무엇보다 부동산 투자와 관련한 세금 인센티브를 적극적으로 활용하고 있었다.

세계적으로 4,000만 부 이상의 판매량을 기록한 《부자 아빠 가난한 아빠》의 저자, 로버트 기요사키는 부자가 되려면 수입, 지출, 자산, 부채 그리고 현금흐름을 알아야 한다고 했다. 미국 부동산의 부의 원리가 바로 여기서 비롯된다. 미국 부동산 부자들은 이러한 부의 원리를 '제대로' 활용할 줄 알며, 자산을 증식시키고 보호하는 것에 이 원리를 적극적으로 대입한다. 그렇다면 어떻게 해야 자산을 증식시키고, 또 증식된 자산을 지킬 수 있을까? 다음의 표를 살펴보자.

오늘부터 사야 할 부동산은 따로 있다

현금인출재융자

(단위: 달러)

	2020		2021	
가격	2,000,000	현금인출재융자	3,000,000	3,000,000
부채 총 금액	1,600,000		1,600,000	2,100,000
순자산	400,000	2,100,000 − 1,600,000 = 500,000 (현금자산)	1,400,000	900,000
순운영소득	100,000		150,000	
부채 상환액	80,000		80,000	
현금흐름	20,000		70,000	
감가상각	50,000		50,000	
이익/손실 (실질 과세소득)	−30,000		20,000	

30년 만기 고정 금리라고 가정, 1년 12개월을 기준,
원리의 설명을 위해 가정한 수치

재투자

• 출처: Turnkey Global Realty

존John은 2020년에 20세대 유닛이 있는 아파트를 200만 달러에 구입했다. 위치와 입지 조건이 좋았고 새로운 일자리가 많아 지속적인 인구 유입이 보장되고 그로 인한 임대 점유율 증가를 기대할 수 있었다. 기존의 자산관리 회사의 부실한 운영으로 순운영소득이 낮아 자산관리의 운영을 개선하면 순운영소득을 얼마든 끌어올릴 수 있을 거라고 확신했다.

40만 달러의 자금과 은행에서 받은 160만 달러의 대출로 200만 달러의 아파트를 구입한 존의 연간 대출 상환액(30년 만기 3%

의 고정 금리)은 8만 달러였다. 순운영소득은 10만 달러였으며, 현금흐름은 2만 달러였다. 존의 2020년 연간 수동소득은 2만 달러인데 실질 과세소득은 마이너스 3만 달러였다. 수동소득으로 2만 달러를 벌었는데도 과세가 되는 소득은 오히려 마이너스 3만 달러가 되었다. 건물에 대한 감가상각을 적용했기 때문이다.

감가상각은 실질 운영 지출은 아니지만 비운영 지출로 인정하여 운영 지출에서 차감할 수 있는 미국의 강력한 세금 인센티브다. 감가상각은 해마다 진행되는 건물의 노후를 가치로 환산하며 거주용 부동산일 경우 27.5년, 상업용 부동산일 경우 39년까지 감가상각을 할 수 있기에 과세소득을 낮추며 절세 효과를 누릴 수 있다.

존은 아파트 구입 후 1년 동안 전문적인 자산관리를 통해 공실을 줄여 임대 수익을 올리고 기타 수익을 추가하여 2021년에 순운영소득을 15만 달러로 끌어올렸다.

☑ 존이 아파트를 구입할 당시 (2020년)

- 연간 대출 상환액: 8만 달러

- 현금흐름: 7만 달러
- 수동소득: 7만 달러
- 감가상각: 마이너스 5만 달러
- 과세소득: 2만 달러

존은 시장 조사를 통해 소유하고 있는 아파트와 유사한 매물이 5%의 자본환원율을 적용하여 산출된 가격으로 시장에서 팔렸다는 것을 알게 되었다. 존은 소유한 아파트의 가치를 자본 환원율 5%로 적용하여 산출했고, 소유하고 있는 아파트의 가치는 300만 달러가 되었다. (15만 / 5%)

2021년, 존이 소유한 아파트의 가치는 100만 달러가 올랐고 존의 순자산은 140만 달러로 증가했다. 존의 2021년의 연간 현금 수익률(Cash On Cash)은 38%(15만 / 40만)로 2020년 구입 당시 현금 수익률인 25%(10만 / 40만)와 비교하면 13% 증가했다.

현금 수익률 = 순운영소득 / 투자 금액

이에 존은 상승한 자산가치인 300만 달러에서 현금인출 재융자Cash Out Refinance 를 활용하여 210만 달러의 대출을 받을 수 있었다. 210만 달러의 대출금으로 2020년에 받았던 기존 대출금 160만 달러를 갚고 50만 달러의 현금 자본금을 확보할 수 있었으며, 그러고도 소유한 아파트에는 90만 달러의 순자산이 남아 있었다. 이때, 존이 새로이 받은 현금인출재융자에서 새로 생긴 대출금 210만 달러에 대한 이자는 세금 공제를 받을 수 있다. 160만 달러의 기존 대출금을 갚고 남은 현금 자본금 50만 달러에 대한 세금 역시 면제다.

존은 현금인출재융자를 통해 얻은 50만 달러의 자본금으로 수동소득을 창출하는 또 다른 아파트를 구입했다. 존은 이러한 원리로 여러 채의 아파트를 소유하게 되었고, 수동소득이 창출되는 자산에 지속적으로 투자하고 있다. 여기서, 존이 동종자산교환1031 Exchange이라는 세금 인센티브를 활용하여 아파트를 팔았다고 가정해 보자.

> **☑ 동종자산교환**
> 미국 세법에 따라 부동산 투자자가 부동산을 판매하고 그 수익금을 다른 동일한 종류의 부동산 투자에 재투자함으로써 세금을 연기할 수 있는 세금 혜택

존이 소유한 아파트를 300만 달러에 팔 경우, 100만 달러의 자본 이익에 대해 양도소득세가 부과된다. 존이 2020년 1월 1일에 아파트를 구입해 2021년 12월 31일에 매각하였

오늘부터 사야 할 부동산은 따로 있다

다고 가정하자. 그리고 동종자산교환을 통해 다른 부동산을 구입한 후 2022년 3월에 클로징(부동산 거래가 마무리되고 소유권이 전환되는 최종 단계)을 완료했다고 가정하자.

이때, 존은 소득이 높아 최대 20%의 장기 양도소득세율로 20만 달러의 양도소득세를 내야 하지만 동종자산교환이라는 세금 인센티브를 활용해 양도소득세를 내지 않고 연기할 수 있다. 이러한 동종자산교환은 상한선이 없으며, 납세 의무는 사망으로 종결된다. 즉, 납세자가 사망하면 상속인은 연기한 세금을 내지 않고 상승한 시장 가치로 상속받게 되는 것이다. 존의 사례를 통해 미국의 세금혜택이 얼마나 강력한지 알 수 있다. 이제 현금인출 재융자를 활용한 존의 사례를 정리해 보자.

1. 수입 올리기

2. 공실 및 지출 줄이기

3. 순운영소득 끌어올리기

4. 현금흐름과 자산가치 극대화하기

5. 감가상각을 활용해 과세소득 낮추기

6. 순자산 증가

7. 현금인출재융자 활용하기

8. 대출금 갚기

9. 남은 현금 자본으로 수동소득을 위한 재투자

10. 1~9 반복

존의 사례는 실제로 미국 부동산 부자들이 활용하고 있는 부의 원리다. 미국 부동산의 부의 원리를 다음의 표에서 확인해보자.

오늘부터 사야 할 부동산은 따로 있다

미국 부동산 매트릭스 원리

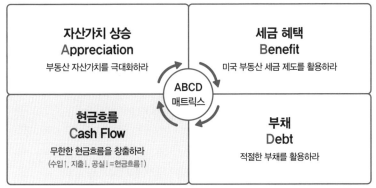

자산가치 상승 **Appreciation** 부동산 자산가치를 극대화하라	세금 혜택 **Benefit** 미국 부동산 세금 제도를 활용하라
현금흐름 **Cash Flow** 무한한 현금흐름을 창출하라 (수입↑, 지출↓, 공실↓=현금흐름↑)	부채 **Debt** 적절한 부채를 활용하라

ABCD 매트릭스

* 출처: Turnkey Global Realty

결국, 부를 이루는 원리의 핵심에는 지속적인 수동소득 창출에 있다. 지속적인 수동소득을 얻기 위해서는 자산가치 상승, 현금흐름, 세금혜택, 부채를 잘 활용해야 하며 이것이 미국 부동산이 가진 부의 원리다. 이해를 돕기 위해 풀어서 요약해본다.

1. 투자용 부동산을 통해 수입을 올리고, 지출을 줄여 순운영소득을 끌어 올린 후 현금흐름을 극대화한다. (현금흐름을 극대화하기 위한 부채 활용 O)

2. 증가한 현금흐름은 세금혜택을 통해 세금공제를 받고 과세소득을 낮춘다.

3. 순운영소득이 증가하면 자산의 가치가 상승한다.

4. 상승한 자산의 가치는 세금혜택을 활용해 지킨다.

5. 자산의 가치가 증가하면 순자산이 증가한다.

6. 순자산이 증가하면 부채를 활용해 현금인출재융자를 한다.

7. 현금인출재융자를 활용해 수동소득을 얻을 수 있는 또 다른 자산에
   투자한다.

8. 투자를 반복한다.

　　미국 부동산 부자들은 현금흐름을 극대화하고 자산의 가치를 끌어올려 자산을 증식한다. 그리고 부채와 세금혜택을 활용하여 증식된 자산을 지킨다. 증식된 자산으로부터 부채를 활용하여 또 다른 현금흐름을 창출하는 자산에 재투자하여 현금흐름을 지속적으로 창출한다. 이것이 미국 부동산 부자들의 부의 원리이며 성공 공식이다.

자본 이익에 중점을 두는 투자는 팔고 나면 세금을 내야 하고, 자산은 소멸하며, 수동소득이 사라진다. 그러나 현금흐름에 중점을 두는 투자는 끊임없이 수동소득을 얻고 자산을 증식시킨다. 그리고 세금혜택을 활용해 증식된 자산을 지키며, 부채를 활용한 투자를 반복하며 무한한 현금흐름을 얻게 된다.

현금흐름 vs 자본이익

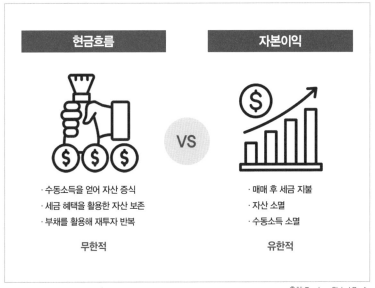

• 출처: Turnkey Global Realty

우리가 일을 하지 않으면 소득(능동소득)이 없어지듯이 자본이익에 중점을 두는 투자는 자산을 팔고 나면 재산도 사라지고 소득도 없어진다. 그러나 현금흐름에 중점을 두는 투자는 재산을 증식시키고 끊임없는 수동소득을 얻을 수 있다. 이러한 수동소득으로 경제적 자유를 누릴 수가 있는데, 이것이 바로 '현금흐름의 무한한 가능성'이다.

현금흐름과 자본이익의 차이

현금흐름 (장기 투자, 무한적)	자본이익 (단기 투자, 유한적)
· 임대 수입	· 싸게 사서 비싸게 팜(Flipping)
· 세금 혜택: 감가상각 (절세)	· 단기 양도소득세 적용
· 수수료: 적음	· 수수료: 많음
· 이익: 높음	· 단기 양도소득세 지불 후 자산이 사라짐
· 재융자: Tax Free	
· 재융자를 통해 자금 회수 가능 (재투자 자산 보존)	
· 현금흐름의 무한한 수입 지속 (경제적 자유)	
장기투자 무한적	**단기투자** 유한적

• 출처: Turnkey Global Realty

오늘부터 사야 할 부동산은 따로 있다

미국 부동산을 통한 현금흐름의 무한한 가능성은 '전문적인 자산관리'를 통해 이루어진다. '자산관리'는 미국 부동산 부자들의 '성공의 키'다.

오늘도 나의 하루는 현금흐름의 무한한 가능성을 꿈꾸는 이들을 위하여 시작된다.

"따르릉…, 따르릉…!"

"네, 무엇을 도와 드릴까요?"

'투자자'는 '게이머'다

"부동산은 사업의 기초이며,
그것을 잘 관리하는 것이 성공으로 가는 유일한 길이다."
_레이 크록 Ray Kroc

이 책을 집필하기까지 몇 개월의 시간이 흘렀다. 미국 부동산의 자산관리… 처음에는 이 방대한 이야기를 어떻게 독자들에게 전달해야 할지 막막했다. 그러다 결국, 22년 동안 내가 만난 많은 사람과 그들과 내가 함께 겪은 '경험담'을 여기에 담아내기로 했다.

미국 부동산 자산관리는 '임대'와 함께 하는 기나긴 여정의 '부동산 투자 게임'이다. 자산관리는 깨끗한 일이 아니다. 게다가 시간과 에너지가 많이 소모된다. 더불어 전문적인 자산관리 회사를 통하지 않으면 현금흐름을 극대화할 수 없고, 자산의 가치를 최대로 끌어올릴 수도 없다.

미국 부동산 투자에서 중요한 것은 미국 부동산을 취득한 후 보유 과정에서 어떻게 현금흐름을 극대화하고 자산의 가치를 끌어올리느냐에 있다. 그에 따라 부동산 투자의 '성패'가 결정된다는 것이다. 사업을 하기 위해서는 사업 계획이 있어야 하고 그것을 실현할 수 있는 철저한 사업 운영이 있어야 한다. 부동산도 사업과 똑같다. 부동산 투자를 하기 위해서는 투자 전략이 있어야 하고, 그것을 실현할 수 있는 철저한 자산관리가 뒤따라야 한다.

미국 부동산 투자의 부의 전략은 무한한 현금흐름을 창출하는 것이다. 현금흐름의 무한한 가능성은 전문적인 자산관리를 통해서만 얻을 수 있다. 나는 미국 부동산 전문가이자 투자자로서 오랜 기간 자산관리를 해오고 있다. 그 과정에서 미국 부동산 부자들이 자산을 증식하고 증식된 자산을 지키는 이른바 '부의 비밀'을 미국 부동산의 자산관리에서 찾을 수 있었다. 이제는 이토록 소중한 부의 비밀을 이 책에 담아 한국 독자들에게 전달하고자 한다. 멀리서 보내는 나의 목소리가 경제적 자유를 꿈꾸는 모든 이들에게 조금이라도 도움이 되길 바란다.

끝으로 이 책에 등장하는 샘, 찰리, 데이빗, 존, 그리고 나와 함께 일하는 자산관리팀 모두에게 감사의 마음을 전하며, 책을 읽는 한국의 모든 독자들의 소중한 자산이 오래도록 지켜지길 간절히 바라고 소망한다.

오늘부터 사야 할 부동산은 따로 있다

아는것의힘

알면 힘이 되는
미국 임대 관련 법과 규정

미국은 50개 주마다 법과 규정이 조금씩 다르다. 미국 임대와 관련해서 알아 두면 힘이 되는 내용을 간추려 본다. 22년간 경험해 온 미국 부동산 자산관리의 운영에 있어 가장 많이 부딪히게 되는 문제와 관련된 법과 규정을 전달한다.

1. 공정주택거래법 Fair Housing Act — 모든 사람은 동등하다

공정주택거래법은 모든 미국인들이 주택 매매나 임대를 할 때 경제적 범위 내에서 공정하고 공평하게 경쟁할 수 있도록 보장하기 위해 만든 연방법이다. 장애, 인종, 성별, 출신 국가, 종교 또는 가족 상황을 이유로 주택 및 주택 관련 활동에 대한 차별을 금지하는 법이며, 구체적으로는 다음과 같은 차별을 금지한다.

- ☑ 주택 임대 또는 매매를 거부하는 행위

- ☑ 주택 검사, 매매 또는 임대할 수 있다는 사실을 거짓으로 부인하는 행위

- ☑ 특정 사람들에게 다른 조건이나 특권을 제공하는 행위

- ☑ 주택 매매나 임대를 방해하기 위해 누군가를 위협하거나 방해하는 행위

- ☑ 선호, 제한 또는 차별을 나타내는 광고 또는 게시물을 공지하여 매매 또는 임대하는 행위

- ☑ 금융 서비스나 부동산 중개 업체의 서비스를 차별화하는 행위

- ☑ 부동산 중개인이 특정 지역 또는 특정 지역으로부터 고객을 조

종하거나, 집주인이 단지의 특정 지역 또는 특정 지역으로부터 세입자를 조종하는 행위

공정주택거래법과 관련한 불만 사항은 사건 발생일로부터 최대 1년 동안 미국 주택 및 도시 개발부(U.S. Department of Housing and Urban Development, HUD)에 접수할 수 있다.

또한 사건 발생일로부터 최대 2년 동안 연방 법원에 소송을 제기할 수 있다. 차별받은 피해자는 대체 주택을 구하는 동안 발생한 본인부담금 및 해당 주택과 관련된 추가 비용을 보상받을 수 있으며 굴욕, 정신적 괴로움, 기타 심리적 부상으로 인한 비경제적 손해에 대해서도 보상받을 수 있다.

미국 주택 및 도시 개발부의 행정법 판사 앞에서 재판을 받는 사건의 경우 첫 번째 위반의 경우 최대 1만 6,000달러, 세 번째 위반의 경우 최대 6만 5,000달러의 민사 벌금이 부과될 수 있다. 법무부가 제기한 사건의 경우 민사 처벌은 최대 15만 달러까지 벌금이 부과될 수 있다.

2. 퇴거 Eviction

세입자가 임대료를 지불하지 않거나 임대차 계약 조건을 위반했을 때 부동산 소유자는 세입자를 퇴거시키는 법원 명령을 요청할 수 있다. 퇴거에 관계되는 법은 주마다 다르기 때문에 반드시 부동산이 위치한 주의 법을 알고 준비해야 할 것이다. 부동산 소유자와 세입자는 각각의 권리와 책임을 가진다. 부동산 소유자는 수리를 통해 건물을 양호한 상태로 유지해야 하며, 세입자는 임대료를 지불하고 임대 계약 조건에 따라야 한다.

부동산 소유자는 세입자가 임대 계약 조건을 위반하거나 임대료를 지불하지 않을 경우 세입자를 퇴거시키기 위한 법원 명령을 요청할 수 있으며, 법원 명령 없이 임의로 세입자를 퇴거시킬 수는 없다. 다음은 미국 조지아주의 퇴거법을 기준으로 한 퇴거 절차다.

ⓐ 집주인이 세입자에게 퇴거 통지서를 송달한다.

조지아주의 퇴거법에 따라 세입자가 임대료를 지불하지 않는 경우 집주인은 세입자에게 임대료 지불에 대한 최종 날짜 또는 임대 계약을 종료하는 통지를 송달하고 임대료 지불 최종 날짜 바로 다음 날 퇴거 신청을 할 수 있다. 서면 통지가 필요하다.

ⓑ 집주인이 법원에 퇴거소송을 제기한다.

세입자가 통지서에 명시된 기간이 끝날 때까지 위반 사항을 수정하지 않으면 부동산 소유자는 부동산이 위치한 카운티 법원에 퇴거 소송을 제기할 수 있다.

ⓒ 법원은 세입자에게 소환장을 송달한다.

부동산 소유자가 법원에 압류 진술서를 제출한 후 소환장을 세입자에게 전달해야 한다. 이 문서를 통해 법적 조치를 취했음을 세입자에게 알리고, 서면 또는 구두 답변을 제출해야 하는 세입자의 의무를 명시한다. 소환장은 카운티의 보안관에게 전달되며 보안관은 개인적으로 소환장과 진술서 사본을 세입자에게 전달한다. 세입자에게 직접 송달할 수 없는 경우 보안관은 해당 부동산에 거주하는 다른 사람에게 이를 맡기거나 현관문에 사본을 게시하고 등기 우편으로 사본을 보낼 수 있다.

ⓓ 세입자가 답변서를 제출한다.

세입자는 소환장을 전달한 날로부터 7일 이내에 압류 진술서에 대한 구두 또는 서면 답변을 제출해야 한다. 임대료 미납으로 인한 경우 세입자는 7일 이내에 지불해야 할 모든 임대료를 부동산 소유자에게 지불할 수 있다. 세입자가 답변을 제출하지 않으면 법원은 부동산 소유자에게 유리한 판결을 내린다.

ⓔ 부동산 소유자와 세입자가 법원 심리에 참석하여 판결을 받는다.

세입자가 답변서를 제출하면 퇴거 청문회 날짜가 잡히며, 이 날짜는 양 당사자에게 재판 통지서를 통해 통보된다. 재판은 해당 법원의 민사소송 절차를 따른다. 세입자는 소송이 진행되는 동안 해당 부동산에 머무를 수 있지만 답변서를 제출할 때 법원 등기소에 임대료를 지불해야 한다. 퇴거 청문회 당일, 부동산 소유자는 임대 계약서 사본, 퇴거 통지서, 처분 진술서 및 임대 위반 증거를 가져와야 한다. 부동산 소유자와 세입자 모두 그들의 사건과 증거를 판사에게 제출하면 판사는 그에 따른 판결을 내린다.

오늘부터 사야 할 부동산은 따로 있다

ⓕ 세입자는 7일 이내에 이사를 나가거나 판결에 대해 항소할 수 있다.

판결이 부동산 소유자에게 유리한 경우 법원은 판결 7일 후에 점유 영장_{writ of possession}을 발부한다. 이후 세입자는 7일 이내에 퇴거해야 하지만 이 기간에 판결에 대한 항소를 제기할 수도 있다.

ⓖ 보안관이 세입자를 강제로 퇴거한다.

법원 판결 이후 세입자가 7일 이내에 건물을 비우지 않으면 영장은 보안관에게 전달되며 보안관은 영장을 집행한다. 부동산 소유자가 영장이 발행된 후 30일 이내에 보안관 사무실에 영장 집행을 신청하지 않으면 새로운 영장을 신청해야 한다. 퇴거한 세입자가 개인 재산을 남겨둔 경우 해당 재산은 버려진 것으로 간주한다. 부동산 소유자는 이 재산을 보관할 책임이 없다.

3. 구조적 퇴거 Constructive Eviction

구조적 퇴거는 부동산 소유자가 세입자에게 거주 가능하고 안전한 생활 공간을 제공해야 하는 의무를 위반할 때 발생한다.

구조적 퇴거에 관계되는 법은 주마다 다르기 때문에 반드시 부동산이 위치한 주의 법을 알고 준비해야 한다. 구조적 퇴거는 임대인이 임차인이 점유하는 부동산을 거주할 수 없는 상태로 관리하거나 임차인의 부동산 사용을 심각하게 방해하는 행위로 인해 임차인이 임대 부동산을 퇴거하는 경우를 말한다. 구조적 퇴거가 가능한 경우의 예는 다음과 같다.

☑ 임대인이 필요한 수리를 제공하지 못했을 경우

☑ 과도한 소음으로 거주에 피해가 있을 경우

☑ 물이나 전기와 같은 필수 서비스 제공에 문제가 있을 경우

☑ 임대인이 지붕 누수나 전기 배선 결함 등 심각한 유지 관리 문제를 적시에 해결하지 못해 임차인의 건강과 안전이 위태로워지는 경우

☑ 임대인이 위협을 가하거나 허가 없이 세입자의 점유 공간에 침입하는 등 세입자를 괴롭히는 경우

☑ 임대인이 세탁 시설, 주차 공간 등 부동산의 공용 공간을 사용할

수 없도록 하는 경우

☑ 벌레나 곤충의 잦은 침입으로 세입자의 점유가 불가할 경우

임대인의 계약 위반 행위로 세입자가 더 이상 점유한 부동산에 거주할 수 없게 되었음을 입증할 수 있는 경우, 세입자의 임대료 미지불로 임대인이 임차인의 퇴거 절차를 진행할 경우 이에 대한 방어로 세입자는 구조적 퇴거를 신청하여 임대 계약을 종료하고 발생한 손실에 대해 임대인에게 손해 배상 청구를 할 수 있다.

물론 세입자가 임대인에게 문제에 대한 서면 통지를 하고 임대인이 수리하거나 문제를 해결할 수 있는 기회를 주는 경우도 있다. 임대인이 이를 이행하지 않을 경우 세입자가 임대 계약을 종료하고 이사를 나갈 수 있으며, 문제가 해결될 때까지 임대료를 보류할 수도 있다.

4. 임대인 친화적인 주와 임차인 친화적인 주

미국은 주에 따라 일부 주는 임대인에게 더 친화적이며, 일부 주는 임차인에게 더 친화적이다. 이는 임대 부동산에 투자할 때 매우 중요한 요소가 된다. 임대 부동산에 대한 특정 규정은 임대료 제한, 보증금 제한, 퇴거 절차 및 세입자 보호 규정 등이 있다. 이러한 특정 규정은 임대인에게 친화적인 주인지 임차인에게 친화적인 주인지에 따라 조금씩 다르다.

임대인에게 친화적인 주일수록 임대인에게 좀 더 유리한 법이 적용되는 경우가 많으며, 따라서 이들 지역에 임대용 부동산을 소유하고 있는 경우 여러 번거로움으로부터 멀어질 수 있으며 비용을 절약할 수도 있다. 임대인에게 친화적인 주는 애리조나주, 앨라배마주, 조지아주, 플로리다주, 인디애나주, 콜로라도주, 일리노이주, 텍사스주, 노스캐롤라이나주, 켄터키주, 루이지애나주, 미시간주, 오하이오주, 펜실베이니아주, 그리고 웨스트버지니아주다.

미국 임대 부동산의 전문적인 자산관리를 위해 알면 힘이 되는 미국 임대 관련 법과 규정을 정리해 보았다. 전문적인 자산관

오늘부터 사야 할 부동산은 따로 있다

리를 위해 임대와 관련된 기본적인 법과 규정은 어느 정도 알아
두면 많은 도움이 될 것이다.

알면 힘이 되는
미국 부동산의 다양한 임대 방식

미국의 임대 방식은 다양하며, 부동산의 유형별로 다르게 적용된다. 미국 임대와 관련하여 알아 두면 도움이 되는 미국 임대 방식을 간추려 본다. 미국의 임대 계약은 무엇을 기준으로 하는가에 따라 임대 방식이 구분된다.

1. 그로스 임대 Gross Lease

정해진 임대 기간에 고정된 임대료를 지불하는 임대 방식이다. 임차인은 임대료 이외의 추가 비용을 부담하지 않으며 추가

오늘부터 사야 할 부동산은 따로 있다

비용은 세금, 보험, 유지 관리 비용 등의 운영 비용이다. 임차인은 임대 기간에 정해진 고정 금액의 임대료를 지불하고, 임대인이 임대 부동산에 대한 세금, 보험 및 유지 관리 비용을 지불한다. 주로 거주용 부동산 임대가 이에 속한다. 그 외에 오피스 건물이나 소매점 등도 그로스 임대로 임대 계약을 하는 경우가 많다.

2. 넷 임대 Net Lease

임차인이 정해진 임대 기간에 정해진 임대료 외의 추가 비용을 부담하는 임대 방식이다. 일반적으로 넷 임대에는 세금, 보험, 유지보수 등의 운영 비용이 포함된다. 그로스 임대와 달리 임차인이 부동산의 추가 비용을 일부 또는 전부 부담한다. 주로 장기 임대에 사용되는 임대 방식으로 부동산 건물 전체가 상업용이나 산업용으로 사용되는 경우 적용된다.

① 싱글 넷 임대 Single Net Lease

임차인이 정해진 임대료와 임대 부동산 재산세를 지불하는 책임을 가진다.

② 더블 넷 임대 Double Net Lease

임차인이 정해진 임대료와 임대 부동산의 재산세와 보험을
지불하는 책임을 가진다.

③ 트리플 넷 임대 Triple Net Lease

임차인이 정해진 임대료와 임대 부동산의 재산세, 보험, 유지
관리 및 수리비 등의 비용을 지불하는 책임을 가진다. 임차인이
이러한 비용을 부담하기 때문에 트리플 넷 임대에서 부과되는
임대료는 일반적으로 다른 임대 방식의 임대료보다 낮다.

3. 단계적 임대 Graduated Lease

시간이 지남에 따라 임대료가 증가하는 임대 방식이다. 임대
계약에서 특정 기간이 지난 후 (예를 들면 매년), 임대료가 상승하
도록 약정된다. 이는 인플레이션으로 인해 모든 비용이 증가하

는 경우를 대비하여 시간이 흐름에 따라 임대료가 조정됨으로써 부동산 소유자의 실제 임대 수익의 손실을 줄일 수 있다. 주로 상업용 부동산의 임대 방식 중 하나다.

단계적 임대는 계약서에 '에스컬레이터 조항'을 포함한다. 이는 임대 기간 중 미리 약정된 기간마다 일정한 비율로 임대료를 인상하는 조항으로 특정 조건이나 상황에 따라 가격이나 임대 조건이 자동으로 조정될 수 있음을 의미한다. 단계적 임대는 크게 다음과 같이 3가지로 구분된다.

① 셋업 임대 Set Up Lease

시간이 지남에 따라 임대료가 점진적으로 증가하는 임대 방식이다. 일정한 기간이 지난 후에 임대료가 증가하는데 그 기간과 인상 비율은 임대 계약에서 사전에 정해진다. 몇 년마다 또는 정해진 시간 간격으로 임대료가 증가하는 것을 미리 임대 계약서에 약정한다. 장기적인 임대 기간 동안 임대료를 점진적으로 인상시켜 부동산 소유자에게 안정적인 수익을 제공하며, 주로 오피스 임대 계약에 적용된다.

②인덱스 임대Index Lease

임대료가 외부 지표나 인덱스에 따라 결정되는 임대 방식이다. 일반적으로 소비자 물가 지수Consumer Price Index를 기준으로 임대료가 조정된다. 소비자 물가 지수나 다른 지표의 변화에 따라 임대료가 조정되므로, 부동산 소유주와 임차인 간에 공정한 임대료 측정이 가능하다. 부동산 소유자는 인플레이션과 부동산 시장 변동성에 따른 위험을 분산할 수 있다.

③에스컬레이터 임대Escalator Lease

임대 부동산의 운영 비용을 기준으로 임대료가 조정되는 임대 방식이다. 일반적으로 정해진 임대 기간에서 미리 정해진 조건에 따라 임대료를 올릴 수 있다. 전년 대비 상승한 운영 비용을 계산하여 그 차액을 임차인에게 지불하게 하는데, 임대료를 올릴 수 있는 최대치를 미리 임대 계약에 명시한다.

4. 재평가 임대 Reappraisal Lease

부동산 가치가 재평가될 때마다 임대료가 조정되는 임대 방식이다. 보통 몇 년에 한 번 부동산의 가치가 재평가되고 임대료가 재조정된다. 이 임대 방식은 부동산 시장 변동성을 반영하고 공정한 임대료를 유지하기 위해 사용된다. 재평가 기간에 따라 부동산 가치가 변동될 수 있으므로 재평가서를 기준으로 임차인과 임대인 간에 임대료 조정이 이루어진다. 상업용 부동산의 임대 방식 중 하나이다.

5. 퍼센티지 임대 Percentage Lease

임대료가 임차인의 매출액에 따라 일정 비율로 임대료가 결정되는 형태의 임대 방식이다. 일반적으로 큰 규모의 대형 소매점이 있는 쇼핑 센터나 지역쇼핑몰과 같은 상업용 부동산에서 사용된다. 임차인이 매출을 올리면 임대료도 상승하고 반대로 매출이 줄어들면 임대료도 감소하는 유연한 형태의 임대 방식이다. 주로 임차인과 임대인 간에 상호 이익을 위해 사용된다.

6. 그라운드 임대 Ground Lease

부동산의 토지만을 임대하는 임대 방식으로, 토지 소유권과 건물 소유권을 분리시킨다. 토지의 소유자가 임차인에게 토지를 임대하여 임차인의 비용으로 건물을 세우거나 운영할 수 있도록 허용한다. 이 방식은 일반적으로 장기 임대 계약이 체결되는데 미국의 경우 최소 50년 이상부터 시작한다. 임대료는 매년 또는 일정한 기간마다 조정되며, 토지 소유자인 임대인과 건물 소유자인 임차인 간의 협의에 따라 계약이 체결된다. 주로 대형 상업용 부동산의 임대 방식이다.

7. 세일 앤 리스백 Sale & Leaseback

'매각 후 임대'를 의미한다. 이는 기업이 소유하여 점유하고 있는 부동산을 먼저 판매한 후 다시 동일한 부동산을 임대하는 거래를 말한다. 이때 임차인은 부동산을 팔았지만 여전히 점유하고 있는 기업이 되고, 임대인은 주로 생명 보험 회사나 연기금과 같은 대형 기관투자자 인 경우가 많다. 이 경우 주로 장기 임대 방식인 '넷 임대'로 임대 계약을 하며, 임대 기간 만료일에 기업이 다시 점유하고 있는 부동산을 구입할 수 있는 옵션을 임대 계약에 추가한다. 이러한 방식을 통해 기업은 자본을 확보하면서도 점유하고 있는 부동산을 계속 사용할 수 있다는 장점을 가진다.

전문적인 자산관리를 위해 '알면 힘이 되는' 다양한 유형의 임대 방식을 정리해 보았다. 미국의 부동산 유형은 거주용 부동산, 상업용 부동산, 산업용 부동산, 토지 등 크게 4가지로 구분된다.

거주용 부동산은 단독 주택, 타운하우스, 콘도, 코업, 다가구 주택 등이 있고 상업용 부동산은 아파트 건물, 오피스 건물, 쇼핑센터, 호텔, 셀프스토리지 등이 있다. 그리고 산업용 부동산은 공장, 물류 창고, 플렉스 공간 등이 있다.

부동산을 유형별로 관리하는 미국의 자산관리 회사의 수는 30만 개를 훌쩍 넘어섰으며, 미국의 자산관리 시장 규모는 900억 달러(약 124조 6,000억 원)가 넘는다. 전문적인 자산관리를 위해 유형별 자산관리 회사의 도움을 받을 수 있길 바란다.

오늘부터 사야 할
부동산은 따로 있다

1판 1쇄 인쇄 2024년 7월 8일
1판 1쇄 발행 2024년 7월 15일

지은이 김효지
발행인 김형준

책임편집 박시현, 허양기
디자인 이선영

발행처 체인지업북스
출판등록 2021년 1월 5일 제2021-000003호
주소 경기도 고양시 덕양구 삼송로 12, 805호
전화 02-6956-8977
팩스 02-6499-8977
이메일 change-up20@naver.com
홈페이지 www.changeuplibro.com

© 김효지, 2024

ISBN 979-11-91378-55-9 (13320)

체인지업북스는 내 삶을 변화시키는 책을 펴냅니다.